정약용이 들려주는
경학 이야기

정약용이 들려주는

경학 이야기

ⓒ 이종란, 2006

초판　1쇄 발행일　2006년 2월 14일
초판 15쇄 발행일　2021년 4월 28일

지은이　　이종란
그림　　　김현지
펴낸이　　정은영

펴낸곳　　(주)자음과모음
출판등록　2001년 11월 28일 제2001-000259호
주소　　　04047 서울시 마포구 양화로6길 49
전화　　　편집부 (02)324-2347　경영지원부 (02)325-6047
팩스　　　편집부 (02)324-2348　경영지원부 (02)2648-1311
e-mail　　jamoteen@jamobook.com

ISBN 978-89-544-1931-4 (64100)

정약용이 들려주는
경학 이야기

이종란 지음

|주|자음과모음

책머리에

　초등학교 6학년 정도면 다산 정약용 선생이 실학자이고 거중기를 만들었다는 것쯤은 대략 압니다. 어른들의 경우 《목민심서》의 저자이고, 서울에서 양평 쪽으로 가다 보면 팔당대교를 지나 양수리 조금 못 가서 팔당호 주변에 다산의 생가와 유적지가 있고, 다산의 유배지였던 전라남도 강진에도 유적이 있다는 정도는 알고 있을 것입니다. 그리고 조금 더 아는 사람들은 그가 실학을 집대성하였다는 것도 알지요. 중·고등학교 교과서에도 나오니까요.

　그러나 어른들이나 아이들 할 것 없이, 왜 다산 선생이 우리 역사의 위대한 사람 가운데 하나인지 선뜻 말할 수 있는 사람은 적을 것입니다. 남들이 위대하다고 하니까 그런 줄 알 것입니다. 물론 이런 현상은 다산 한 사람에게만 해당되는 것은 아니겠지요.

　우선 우리는 그의 학문이나 사상의 위대성을 말하기 전에, 한 인간으로서 그가 얼마나 파란만장한 삶을 살았고, 또 무엇을 위해 살았는지 이해할 필요가 있습니다. 사회와 역사가 자신이 바라는 것과 정반대로 흘러갈 때 사람이 할 수 있는 방법을 그의 삶이 알려 주기 때문입니다.

그런데도 우리는 선뜻 그를 실학자로만 보려고 합니다. 그가 실학적 태도로 현실을 개혁하려 했던 이면에는 이전 학문에 대한 비판과 아울러, 자신이 주장하는 내용의 철학적 근거를 확보하기 위하여 노력했음을 잊어서는 안 됩니다. 그런 철학적인 뒷받침이 있었기에 실생활에 관계된 여러 개혁 사상을 펼칠 수 있었습니다.

그의 사상을 한마디로 말한다면 '애민', 즉 백성을 사랑하는 것이라 말할 수 있습니다. 백성을 사랑하는 마음이 있었기에 훌륭한 관리가 될 수 있었고, 귀양 생활 18년 동안에도 저술에 몰두하여 우리에게 찬란한 문화유산을 남겼습니다.

이 책의 이야기는 아버지와 단 둘이 살아가는 초등학생 강대철이라는 어린이가 마치 '터미네이터' 영화에 나오는 기계 인간처럼 시간을 초월한 여행, 곧 과거에서 현재로 찾아온 다산 정약용을 만나 일어났던 사건들을 다루고 있습니다.

제1편 미래로 와 버린 아저씨에서는 다산에 대한 대략적 소개와 그가 연구한 주요 학문인 경학과 경세학에 대하여 알아봅니다. 그런 학문이 무엇을 위한 것인지 알 수 있을 것입니다.

제2편 수원 화성과 다산 아저씨에서는 다산 철학의 핵심인 '성기호설'을 알아보고, 또 실학의 발생 배경도 다룹니다. 게다가 다산 실학의 대표적 유물인 수원성의 축조 과정을 현대의 복구공사를 통하여 알아봅니다. 정조 임금의 명으로 다산이 직접 설계하고 쌓았기 때문에 더욱 실감나게 읽을 수 있는 부분이라 생각됩니다. 기록에 의하면 이때 거중기를 사용하여 경비와 힘을 절약했다지요.

제3편 암행어사 납시오!에서는 다산 자신이 경기도 암행어사였고, 곡산부사였을 때의 이야기를 전합니다. 그리고 사회 개혁에 대한 견해도 들어 봅니다.

제4편 약속을 안 지키는 국회의원들은 물러가라!에서는 국민들을 위해 열심히 일하지 않는 정치인들을 비판하면서, 백성이 나라의 근본이라는

애민 사상에 대하여 이야기합니다.

　제5편 목민심서닷컴에서는 다산이 지은 《목민심서》의 내용 일부를 소개하고, 앞에서 말한 사상들을 정리하고 있습니다.

　이렇게 두 달 동안 정약용 선생을 만난 강대철 어린이는 다산 선생으로부터 큰 감동을 받습니다. 그리하여 열심히 책을 읽고 공부하여서는 뒤에 자라나 다산연구소의 연구소장이 됩니다.

　그는 어느 날 열두 살 된 아들과 함께 서울 남산의 한옥마을에 삽을 들고 찾아갑니다. 한옥마을을 둘러보려고요? 천만에요. 엉뚱하게도 거기 있는 오백 년이나 됨 직한 늙은 소나무 밑을 파기 시작했어요. 왜 그랬을까요? 이 수수께끼에 대한 답은 이 책을 꼼꼼히 읽은 독자들만의 것입니다. 자, 그럼 정약용 선생을 만나러 떠나 볼까요?

이종란

차례

프롤로그

내 이름은 강대철.

내가 다산 아저씨를 처음 만난 것은 철학초등학교 5학년 때였다.

나는 그 당시 150센티미터의 키에 아직은 짓궂음이 묻어나는 열두 살짜리 남자 아이였지만, 훌륭한 과학자가 되는 것이 꿈인 의젓한 모범생이기도 했다. 나에겐 엄마가 안 계셨다. 내가 태어나자마자 병으로 돌아가셨기 때문이다. 그래서 나는, 공사장에서 일을 하시며 나를 힘들게 키워 주신 아빠와 단둘이 살았다. 나에게 아빠는 세상에서 제일 훌륭한 분이셨다. 힘든 내색 한번 안 하시고 변함없이 나를 사랑해 주셨기 때문이다.

다산 아저씨를 만나기 전까지 나는 그저 평범한 초등학생에 불과했다. 아침 7시 반에 일어나서 세수를 하고, 아빠가 차려 놓은 아침밥을 남김없이 먹은 뒤 책가방을 메고 학교에 가서 친구들과 열심히 수업을 듣고, 쉬는 시간이나 점심시간에는 운동장에 나가 뛰어노는 그런 평범한 초등학생 말이다.

훌륭한 과학자가 되기 위해서는 책을 많이 읽어야 한다고 아빠가 말씀하셨기 때문에 방과 후에는 동네 시립도서관에 가곤 했다. 독서를 엄청 좋아하는 난 재미있는 책을 읽을 때는 누가 옆에서 건드려도 몰랐다. 어느새 밤이 되면 그제야 아빠 생각이 나서 깜짝 놀라 부리나케 집으로 뛰어가곤 했다.

그날도 다른 날과 다름없이 평범하게 흘러간 하루였다면 내 삶은 어떻게 되었을까? 만약 그날 내가 미나와 다투지 않았더라면? 혹은 내가 다산 아저씨를 못 본 체 지나쳤더라면?

그러나 그런 일은 상상도 할 수 없다. 이미 다산 아저씨는 내 삶의 깊숙한 구석까지 들어와 나를 지켜보고 계시니까.

아저씨는 내 삶의 나침반 같은 분이셨고 나는 그 나침반이 가리키는 방향대로 차근차근 걸어왔다. 나는 아저씨의 가르침대로 공부하여 현재 다산연구소의 연구소장이 되었으며 어느덧 그때의 다산 아저씨만큼 나이를 먹었다.

아저씨는 언제나 나에게 말을 거신다.

'훌륭한 사람이 되어라.'

'행복한 삶을 살아라.'

그러나 두리번거려 보아도 다산 아저씨는 보이지 않는다. 하지만 나는 알고 있다. 다산 아저씨는 여전히 살아 계신다. 바로 내 마음속에.

컴퓨터의 전원을 켰다. 그리고 주소창에 '목민심서닷컴'을 친다. 그리고 오늘도 나는 '다산 아저씨께'로 시작되는 편지를 쓰기 시작했다.

미래로 와 버린 아저씨

하늘은 악한 사람에게는 벌을 내리고, 근면 검소한 사람에게는 복을 내린다.

– 정약용 –

내 이름은 강대철. 아빠와 단둘이 살고 있던 어느 날, 우연히 자신이 조선시대 사람 정약용이라고 우기는 이상한 아저씨를 만나게 된다. 하하. 나 보고 그 말을 믿으라고?
어라! 그런데 나 왜 이 이상한 아저씨가 점점 좋아지는 거야?

① 우리 가족 소개

미나는 오늘도 나를 한 번도 안 쳐다본다. 흥. 예쁘면 단가? 그 동안 내가 알게 모르게 얼마나 자기를 도와줬는데!

미나가 칠판 청소 담당인 날은 아침 일찍 학교에 와서 미리 깨끗이 닦아 놓기도 하고, 등교 시간이 늦어지기라도 하면 무슨 일이 생긴 건 아닌가 싶어 미나의 책상을 수도 없이 돌아보곤 했었단 말이다. 그런데도 미나는 아직 이 강대철의 맘을 모르는지, 아니면 아는데도 모르는 체하는 건지 나한테 눈길 한 번 안 주고 내가

'안녕?' 하고 인사를 해도 눈을 흘기면서 그냥 지나쳐 버리는 거다. 예쁘니까 봐주는 것도 한두 번이지 정말 이젠 미나가 미워지려 한다.

오늘 아침만 해도 그렇다. 아빠가 새벽에 일을 나가시는 바람에 늦잠을 자 버려서 지각을 했다. 그래서 부반장 체면 구겨지게 함께 지각을 한 준형이와 복도에서 손을 들고 앉아 벌을 받았다. 준형이는 정말이지 천하의 말썽꾸러기다. 학교에 게임기를 들고 와서 수업 시간에 몰래몰래 하기도 하고, 선생님 말씀도 안 듣고 발표도 못하고 장난치는 것만 좋아한다. 그래도 여자 애들한테 인기가 많다. 잘생겼는지 어쩐지는 모르겠지만 밀가루처럼 희멀건 얼굴에 유명한 상표가 달린 옷만 입고 다니고 집도 부자라서 여자 애들한테 맛있는 것을 많이 사 주기 때문이다. 아이들이 그러는데 미나네 아버지는 철학대 교수님이라고 한다. 끼리끼리 논다고 미나도 가끔 준형이에게 맛있는 것을 얻어먹고 집에도 놀러 가고 하는 것 같다. 그래서 난 준형이가 더 싫다. 벌을 받게 된 것도 부끄러운데 준형이와 함께라니. 아침부터 기분이 정말 나빴다.

그런데 마침 복도를 지나가던 미나가 벌을 받고 있는 나를 발견

하고는 킥킥 웃는 거다. 지각을 해서 손을 들고 앉아 있는 부반장 꼴이 우스웠나 보다. 그런데 준형이를 보더니 "어머, 팔 아프겠다" 하면서 걱정스러운 표정을 지어 주는 거다. 나는 화가 나기도 하고 부끄럽기도 해서 얼굴이 새빨개졌다.

2교시 사회 시간.

오늘은 친구들 앞에서 '우리 가족'을 주제로 발표를 하는 날이다.

"누가 발표해 볼래요? 준형이 해 볼래?"

선생님께서 준형이를 지목하자 신나게 장난을 치고 있던 준형이가 순간 나무처럼 굳어지더니 빨개진 얼굴로 머뭇거렸다. 바보, 이번 기회에 미나에게 준형이보다 내가 훨씬 똑똑하고 잘났다는 것을 보여 주겠어.

"선생님! 제가 해 보겠습니다."

"그래, 대철이 나와서 발표해 보세요."

나는 걸음도 당당하게 교탁 앞으로 나갔다. 침을 한 번 꼴깍, 난 큰 소리로 우리 아빠에 대해 소개하기 시작했다.

"우리 가족은 아빠와 나, 이렇게 단둘입니다. 그렇지만 심심할 틈이 없어요. 아빠는 매일 저와 신나게 놀아 주시고 저도 아빠와 노는 것이 너무 즐거우니까요. 아빠는 공사장에서 일을 하신대요.

아빠는 아파트도 뚝딱, 다리도 뚝딱 만들어 내신답니다."

내가 여기까지 말을 하자 반 아이들은 수군거리기 시작했다.

"어머, 대철이네 아빠 공사장에서 일한대."

"어쩐지……."

그렇지만 나는 계속 말을 이어 나갔다.

"그런 아빠가 저는 너무 자랑스럽습니다. 저는 나중에 커서 훌륭한 과학자가 될 거예요. 그래서 아파트나 다리를 쉽고 빠르게 지을 수 있는 기계를 발명할 겁니다. 그럼 아빠도 훨씬 편하게 일을 하실 수 있을 테니까요."

그때 누군가가 킥킥 하고 비웃기 시작했다. 소리나는 쪽을 쳐다보았더니 바로 미나, 미나였다!

어떻게 인사를 하고 교탁을 내려왔는지 모르겠다. 눈앞이 깜깜했다. 미나가 나를 비웃다니! 우리 아빠를 비웃다니! 그래서 나를 싫어했던 거구나. 우리 아빠가 공사장에서 일을 해서, 그리고 내가 가난해서.

"다들 조용히 하세요. 대철이의 발표 잘 들었어요. 아파트나 다리를 쉽고 빠르게 지을 수 있는 기계를 발명하고 싶다니 정말 좋은 생각이네요."

담임선생님께서는 언제나 그렇듯이 푸근한 미소를 지으시며 말씀하셨다.

"여러분, 다산 정약용이라는 위인을 알고 있나요? 대철이의 이야기를 들으니 갑자기 그분이 생각나네요."

아이들은 고개를 갸우뚱거렸다. 아무도 모르는 것 같다. 나는 미나에 대한 분이 안 풀려서 씩씩거리며 앉아 있었는데, 선생님께서 내 이야기를 듣고 다산 정약용이라는 위인이 생각난다고 하셔서 깜짝 놀랐다. 정약용? 처음 듣는 이름인데?

② 다산 정약용은 누구?

"아무도 모르나요?"

"네!"

"여러분, 지난봄에 어디로 소풍을 갔었지요?"

"수원 화성이요!"

"네. 맞아요. 우리는 지난봄에 수원에 있는 수원 화성으로 소풍을 갔었어요. 여러분 모두 수원 화성의 웅장하고도 아름다운 모습에 감탄했었잖아요. 그 수원 화성을 설계한 분이 바로 다산 정약용이라는 분이에요."

"아!"

"다산 정약용이라는 분은 수원 화성의 설계를 하셨을 뿐만 아니라 거중기라는 장치를 만들어서 공사 기간도 단축시켰고, 공사비도 4만 냥이나 절약하셨어요. 어때요? 선생님이 대철이의 이야기를 듣고 왜 다산 정약용이 생각났는지 이제 알겠죠? 선생님 생각엔 대철이도 꼭 다산 정약용 같은 훌륭한 위인이 될 수 있을 것 같네요."

아이들은 모두 고개를 끄덕였다. 나도 어쩐지 어깨가 으쓱했다. 미나야, 이제 알겠니? 난 준형이보다 훨씬 훌륭한 사람이 될 거라고!

그렇지만 궁금한 점이 있다. 거중기는 대체 뭘까? 거중기에 대해 자세히 안다면 내가 앞으로 새로운 기계를 발명하는 데도 많은 도움이 될 텐데. 나는 손을 번쩍 들었다.

"그래, 대철이 궁금한 점이 있니?"

"네! 거중기에 대해 자세히 알려 주세요, 선생님."

선생님께서는 흐뭇한 표정을 지으시며 말씀하셨다.

"옛날에는 공사를 할 때 무거운 나무나 돌을 어떻게 들어 올렸을까요? 그땐 아무 기계도 없었기 때문에 오로지 사람의 힘으로만 무거운 것을 들어야 했어요. 정말 힘들었겠죠? 그래서 집이나 건물을 짓는 공사를 할 땐 많은 일꾼들을 써야 했고 돈도 많이 들었어요. 일꾼들이 다치기도 했고요. 그래서 정조 임금님께서 수원 화성의 설계를 맡기자 다산 정약용은 곰곰이 생각을 했겠지요. 좀 더 쉽고 빠르게 화성을 지을 수는 없을까? 그렇게 해서 탄생한 것이 바로 거중기예요. 거중기는 도르래를 이용해서 작은 힘으로 무거운 물건을 위로 들어 올릴 수 있게 만든 장치였어요. 거중기 덕분에 지금의 웅장하고 아름다운 수원 화성이 지어진 거예요."

"그럼 정약용이라는 분에 대해서도 더 자세히 알려 주세요!"

"정약용이라는 분은 또 어떤 일을 하셨어요?"

아이들은 선생님의 말씀에 흥미를 느꼈는지 연달아 질문을 쏟아 내기 시작했다. 나도 궁금한 점이 많았기 때문에 눈을 반짝이면서 선생님을 바라보았다.

딩동댕동.

그때 수업이 끝났음을 알리는 종소리가 울렸다.

"오늘 수업은 끝났네요. 더 궁금한 점은 다음 사회 시간에 질문

하도록 하세요."

"아이……."

"오늘 대청소하는 날이죠? 모두들 자기가 맡은 구역을 열심히 청소하고 검사 맡으러 오세요."

"아이, 아이."

아이들은 각자의 책가방을 싸고 청소할 준비를 했다. 내가 맡은 곳은 복도 유리창. 별로 어렵지 않은 거라서 끝나고 나면 복도 청소를 하는 미나를 늘 은근슬쩍 도와주기도 했었다. 그렇지만 오늘은 아니다. 지금 내 머릿속은 '어떻게 미나를 골려 줄까' 하는 생각으로 가득 차 있다.

내가 창틀 위로 올라가서 걸레로 창문을 닦고 있는데 멀리서 미나가 물 양동이를 들고 낑낑거리며 걸어오고 있다.

흥. 어디 한번 맛 좀 봐라.

나는 미나가 지나갈 때, 창문을 닦던 걸레를 미나의 얼굴 위로 떨어뜨렸다.

"엄마야! 이게 뭐야! 윽!"

미나는 화들짝 놀라서 들고 있던 양동이를 복도 바닥으로 내동댕이치며 넘어져 버렸다. 양동이에서 엎질러진 물 때문에 미나의 치마는 전부 젖어 버렸다.

"엉엉엉. 엉엉엉."

미나는 부끄러운지 주저앉아서 엉엉 울기 시작했다. 나는 창틀에서 훌쩍 내려와서 울고 있는 미나를 고소하다는 듯이 내려다보았다.

"이거 미안하게 됐네. 걸레가 하필 네 얼굴로 떨어질 건 뭐람."

"강대철, 너 일부러 그랬지!"

"일부러라니! 내가 대체 왜?"

"너 선생님한테 전부 이를 거야."

"일러라 일러! 하나도 안 무섭다."

"난 몰라. 엉엉!"

그때 반 아이들이 몰려와서 치마가 젖은 미나를 놀려 대기 시작했다.

"최미나! 오줌 쌌냐? 킥킥!"

"최미나는 오줌 쌌대요! 오줌 쌌대요! 오줌싸개 최미나!"

반 아이들은 계속해서 미나를 놀려 댔고 얼굴이 빨개진 미나는 주저앉아 엉엉 울었다. 그 모습을 보고 있자니 한편으로는 미나에게 미안한 마음이 들었다. 내가 너무 심했나? 아까 미나는 나를 비웃은 게 아닐지도 모르는데.

"너희들, 청소는 안 하고 싸움만 하고 있구나!"

그때 담임선생님께서 나타나셨다. 이키, 미나가 선생님께 이를 게 뻔하니 이제 나는 죽었다. 오늘 부반장 체면 여러 번 구겨지네.

"선생님, 그게 아니고요. 제가 실수로 양동이를 떨어뜨렸어요. 잘못했습니다."

아니, 미나가! 이게 웬일인가?

"어, 그러니? 어서 옷을 말려라. 복도에 흘린 물도 깨끗이 닦고. 그리고 오늘 쓰레기는 너희 둘이 봉지에 잘 담아서 버리고 집에 가거라."

"네."

나는 미안한 얼굴로 고개를 푹 숙이고 개미 기어가는 목소리로 대답했다. 정말이지 마음씨 고운 미나 앞에서 고개를 못 들겠다.

③ 이상한 아저씨

"미안해. 진짜 일부러 그런 건 아냐."

"……."

"정말 미안해."

"됐어. 네 말 듣고 싶지도 않아."

무거운 쓰레기 봉지를 양쪽으로 나눠 들고 소각장으로 가면서 나는 계속해서 미나에게 용서를 구했다. 그래도 일부러 그랬다고 솔직히 고백할 수는 없다. 일부러 그랬다고 하면 미나는 다시는 날 안 보려 할 테니까.

그래도 이렇게라도 미나와 함께 있어서 나는 너무 좋다. 아까 미나는 분명히 나를 비웃은 게 아닐 거야. 미나는 정말 착하고 고운 아이니까.

그때였다.

"꺅!"

소각장에 쓰레기를 던지고 막 돌아서는데 미나가 놀란 토끼 눈을 하고 비명을 질러 대는 거다.

"무슨 일이야?"

"저, 저기!"

미나는 부들부들 떨리는 손으로 쓰레기 버리는 곳 구석을 가리켰다. 미나의 손끝이 향한 쪽을 보았더니 세상에나, 그곳에 한복을 입은 웬 할아버지가 누워 계신 거다. 반질반질 윤이 나는 비단으로 지어졌지만 디자인이 엄청나게 구식인 한복을 입고 콧수염과 턱수염을 길게 늘어뜨린 할아버지. 나는 슬금슬금 할아버지한테 다가갔다.

"가지마! 분명 노숙자일 거야. 저 한복도 어디서 주워 입었을 거라고."

미나가 내 뒤에 숨어서 나를 말렸다.

"불쌍하잖아. 진짜 노숙자 할아버지라면 무척 배가 고프실 거야. 아침에 슈퍼에서 산 빵이 있는데 그거라도 드려야겠어."

나는 책가방에서 빵을 꺼내 할아버지한테 다가갔다. 수염을 길러서 나이가 들어 보였을 뿐 가까이서 보니 마흔 살 정도 되셨을 법했다.

"아저씨, 아저씨! 일어나 보세요. 왜 여기서 주무시고 계세요."

아저씨는 깊은 잠에서 겨우 깨어나는 듯한 표정으로 게슴츠레 눈을 뜨셨다. 그리고는 이렇게 말씀하시는 거였다.

"목이 몹시 마르구나. 가서 물 한잔 떠 와라."

"예? 네……. 물을 가져다드릴 테니, 우선 이 빵부터 드셔 보세요."

나는 아저씨께 빵을 내밀었다. 아저씨께서는 내가 내민 빵을 물끄러미 내려다보다 뭔가 이상하다는 듯 손으로 눈을 몇 번이고 비비셨다. 그리고는 머리를 한번 흔들어 보시고 또 볼도 한번 꼬집어 보셨다.

"넌 누구냐? 새로 온 하인이냐?"

"저는 철학초등학교 5학년 3반 강대철입니다. 아저씨, 집이 없으세요? 왜 여기서 주무시고 계세요?"

"그, 그게 무슨 소리냐. 여기가 어디…… 앗! 여기는 대체 어디냐!"

"여기는 철학초등학교 쓰레기장이에요."

아저씨는 깜짝 놀란 듯 벌떡 일어나서 주위를 둘러보셨다.

"대철아, 우리 그냥 가자. 저 아저씨 좀 이상한 것 같아."

미나가 내 귀에 대고 속삭였다.

"아저씨께 물 좀 가져다드리고, 빵 드시는 거 보고 가자."

나 역시 미나의 귀에 대고 속삭였다.

"싫어. 무섭단 말이야. 그럼 난 먼저 간다!"

아저씨와 함께 있는 것이 불편했는지 미나는 종종걸음으로 가 버렸다.

아저씨는 여전히 어안이 벙벙한 표정으로 주위를 둘러보고 계셨다. 추운 데서 주무셔서 정말로 정신이 이상해지신 걸까?

"아저씨, 왜 그러세요? 물 가져다드릴까요?"

"아, 아니오. 아까는 내 하인인 줄 알고 하대를 했소만, 도령은 누구고 여기는 대체 어디인지 나에게 설명해 줄 수 있소?"

"말 놓으세요. 전 아직 열두 살인걸요. 아까도 말씀드렸듯이 저는 철학초등학교 5학년 3반 강대철이고, 여기는 철학초등학교 쓰레기장이에요. 기억 안 나세요?"

"초등학교라는 게 무엇이오?"

"네? 초등학교요……? 그냥 초등학교지요!"

"그렇다면 내 눈에 보이는 저 높다란 집들은 다 무엇이오? 내가 아무래도 어젯밤 잠자리에 들었다가 비명횡사했나 보오. 필시 여기는 저승이 아니오?"

비명횡사? 잘은 모르지만 죽었다는 뜻인데? 이 이상한 아저씨와 이야기하다 내가 이상해질 것 같다. 아저씨는 나에게 장난을 치고 있는 걸까?

"아저씨. 여긴 저승이 아니에요. 아저씨는 돌아가시지도 않았고요! 여긴 확실히 21세기의 대한민국 서울이라고요!"

"바, 방금 몇 세기라고 했소? 21세기라고 했소? 그리고 대한민국이라니? 대한민국이 어디 붙은 곳인지 모르오만 여하튼 나는 조선인이고 여기는 조선이오! 조선!"

푸하하. 조선이라니! 조선이라는 나라가 없어진 지가 언젠데! 역시 이 아저씨는 정신이 이상한 아저씨임에 틀림없다.

아까 미나 갈 때 같이 갈걸. 그럼 미나와 이야기도 좀 더 할 수

있었을 텐데. 지금 가면 따라잡을 수 있을까? 한번 뛰어가 볼까? 나는 이 아저씨와 얼른 헤어지고 싶은 마음에 재빨리 책가방을 메고는 꾸벅 인사를 했다.

"그럼 반가웠습니다, 아저씨! 가족들이 기다리고 있을 거예요. 꼭 집으로 돌아가세요! 그럼 안녕히 계세요."

그러고는 돌아서는데 아저씨가 나를 붙잡았다.

"도령! 가지 말고 나를 좀 도와주시오. 나는 한양에 살고 있는 다산 정약용이라는 사람이오. 지금이 몇 세기인지, 어느 나라인지 잘 모르겠지만 아무래도 내가 길을 잃거나 납치를 당한 것 같으니 이 나라 임금님에게 날 좀 데려다 주오. 내가 내 나라로 돌아가게 된다면 우리나라 임금님께 도령의 이야기를 말씀드려 상을 내리게 하겠소."

나는 눈을 끔벅끔벅거렸다.

이 아저씨 지금 무슨 소리를 하시는 거야? 임금님이라니? 요즘 세상에 웬 임금님 타령이야? 그리고 자신이 다산 정약용이라고? 정약용이 대체 누구란······.

앗! 정약용? 아까 선생님께서 말씀하신 바로 그 정약용?

"아저씨가 다산 정약용이라고요?"

"그렇소. 내가 바로 정약용이오. 나를 도와줄 수 있겠소?"

"정말 아저씨께서 정약용이신 게 확실하다는 거죠?"

"확실하오. 도령. 나를 도와주시오. 나는 여기가 어딘지 도통 모르겠소."

4 나는 진짜 정약용

나는 분명히 조선 사람 다산 정약용이오. 나는 어젯밤까지만 해도 1800년의 조선에서 살고 있었소. 믿지 못하겠다면, 내 이야기를 해 보겠소.

나는 1762년에 조선의 한강변 광주군 초부면 마현 마을에서 태어났소. 아버님은 진주 목사를 지낸 정재원이며, 어머님은 해남 윤씨로, 유명한 화가인 공제 윤두서의 손녀셨지. 그러나 아버님께서는 8년 전인 1792년에 돌아가셨고, 어머님께서는 내가 아홉 살

때 돌아가셨소.

 나는 어려서부터 똑똑하여 제법 문자를 알았소. 네 살 때부터 유교의 경전과 시를 공부하기 시작했고, 아주 총명하여 한 번 들은 것은 잊어버리지 않았소. 아버님께서 벼슬을 하지 않고 있는 동안에 아버님께 학문을 배웠으며 시를 잘 짓는다는 칭찬을 받기도 했소. 또 일곱 살 때는 '산(山)' 이라는 시를 짓기도 했었소.

> 작은 산이 큰 산을 가렸다네
> 멀고 가까움이 다르기 때문이지요
> 小山蔽大山
> 遠近地不同

 이렇게 열 살 이전의 어린 시절에 지은 시를 모아 《삼미자집(三眉子集)》이라는 책을 만들기도 했지.

 열다섯 살 때에는 풍산 홍씨와 결혼을 하였소. 그때 마침 아버지께서 다시 벼슬길에 나가게 되어 아버님을 따라 한양으로 올라와 살게 되었지. 그때 나는 큰 충격을 받았소. 우리 고을에서 가장 똑똑했던 나도 한양에서는 보잘것없는 시골 소년에 불과했기 때문이오. 한양에서 학문으로써 이름을 떨치는 많은 이들을 만나 보고는 나도 학문에 더욱 힘써야겠다고 생각했소. 그때 나는 유명한 실학자인 이익 선생의 문집을 얻어 읽고 실제의 일에서 진리를 찾는 실사구시를 학문의 목표로 삼았지.

16세 때는 아버지를 따라 화순으로, 19세 때는 예천으로 가서 공부를 하다가 22세 때, 드디어 진사 시험에 합격하여 성균관에서 공부를 하게 됐소. 여기서 나는 우리 조선의 22대 왕인 정조 임금님을 처음 뵈었소. 정조 임금님은 참으로 훌륭한 대왕 중의 대왕이오. 나는 정조 임금님의 총애를 받으며 성균관 우등생으로 공부를 했지. 이 시절이 나에게 가장 행복한 시기였던 것 같소. 임금님 곁에서 마음껏 학문에 힘쓸 수 있었기 때문이오.

28세 때, 그러니까 1789년에는 대과에 합격하였소. 즉 과거에 합격했다는 뜻이오. 이후 나는 규장각에서 일을 하게 되었소. 규장각은 말하자면 왕실 도서관으로, 우리 정조 임금님께서 젊고 학문적인 자질이 뛰어난 인재들을 더욱 학문에 힘쓰게 하려고 만든 곳이오. 나는 규장각에서 임금님의 총애를 받으며 공부를 했소. 그리고 임금님의 명을 받아, 한강에 배나 뗏목을 잇대어 매고 그 위에 널빤지를 깐 다리, 즉 배다리를 성공적으로 만들기도 했소.

그러다가 아버님께서 돌아가신 것이오. 나는 정말 하늘이 무너지는 것 같았소. 슬픔을 이기며 조선의 풍습에 맞게 무덤 가까이에 초막을 지어 놓고 3년간 생활했소이다. 그때, 임금님께서 다시금 나에게 중요한 임무를 맡기셨소.

정조 임금님은 젊은 나이에 세상을 떠나신 아버지 사도세자를 위해 수원에 성곽을 쌓으려 하셨는데 그 설계도를 나에게 작성하라고 명을 내리신 것이오. 나는 잠시 아버님이 돌아가신 슬픔을 접어 두고 여러 책을 참조하거나 공부를 하는 등 설계도를 작성하는 데 모든 힘을 기울였소. 결국 벽돌을 이용하고, 성벽의 중간 부분을 안으로 들어가게 했으며, 문 앞을 반원 형태로 둘러싸는 옹성, 적군이 성벽을 기어오르는 것을 막기 위한 포루와 적루, 이를 감시하는 현안, 화공을 막기 위해 물을 쏟는 장치인 누조 등을 포함한 성곽을 설계해서 임금님께 보여드렸소. 그랬더니 아주 흡족해하시면서 나를 칭찬해 주셨던 거요.

그러나 나는 그것에 만족할 수 없었소. 수원 화성 건설공사가 얼마나 큰 공사가 되리라는 것을 알고 있었기 때문이오. 나는 백성들을 위해 공사 기간도 단축시키고 비용도 절약할 방법을 생각하려고 했소. 그래서 거중기를 만든 것이오. 그리고 활차(도르래)와 고륜(수레바퀴) 등을 사용하여 결국 4만 냥의 비용을 절약했고 백성들을 강제 동원하지 않고도 공사를 일찍 끝낼 수 있었소.

이렇게 화성의 설계를 모두 마치고, 아버님의 상도 무사히 치른 뒤 나는 다시 벼슬길에 올랐소. 그리고 임금님의 명에 의해 경기 암행어사가 되었지요.

내가 맡은 지역은 적성, 마전, 연천, 삭녕이었는데 은밀히 암행을 하면서 나는 차마 눈뜨고 보지 못할 광경을 많이 보게 되었소. 백성들은 너무나도 참혹한 현실 속에 살아가고 있었던 것이오. 그것은 모두가 백성들을 괴롭히고 온갖 착취를 일삼는 벼슬아치들 때문이었소. 나는 그런 벼슬아치들을 모조리 임금님께 고해바쳤소. 그들에게 어떤 해를 입게 된다고 해도 나는 모두 감수하려고 했소. 고통에 빠져 있는 백성들을 위해서 말이오.

그때 조선에는 천주교라는 서양 종교가 처음 들어왔소. 조선은 유교 사상을 신봉했기 때문에 제사를 지내지 말자는 천주교는 도저히 받아들일 수 없는 종교였지. 그래서 천주교를 믿는 사람들은 모조리 사형을 당했소.

그런데 나를 시기하고 경계하는 반대파들이 나를 천주교도로 몰아서 죽이려 했소. 반대파들은 내가 임금님의 총애를 받는 것을 못마땅해했소. 물론 나도 천주교라는 새로운 종교에 관심을 가졌던 것도 사실이오. 내 누이의 남편은 조선에서 제일 먼저 세례를 받은 이승훈이었기 때문이오.

나를 매우 아꼈던 임금님께서는 나를 살려 주기 위해 우선 충청도의 벼슬아치 자리를 주어 내려 보내 주셨소. 나는 그곳에서 천주교를 믿는 백성들에게 나라의 법이 그러하니 천주교를 믿지 말고, 제사를 꼭 지내라고 권고하였소.

그리고 내가 36세 되던 1797년, 천주교를 믿는다는 혐의를 충분히 벗은 나는 동부승지로 임명되었지만 아직은 때가 아니라며 임금님의 명을 거절하였고 다음 달, 황해도의 곡산 부사로 임명되자 곡산으로 갔소. 나는 황해도 곡산에서 부사로 2년간 일하면서 백성들의 고통을 최대한 해결해 주려고 노력하였소. 그리고 곡산에서의 활약을 인정받아 나는 다시 한양으로 돌아와 임금님 곁에서 벼슬을 할 수 있었던 것이오.

그러나 내가 이렇게 임금님의 신임을 받을수록 반대파들의 모함은 점점 더 심해졌소. 반대파들은 나의 형 정약종을 죄인으로 처벌하라고 요구하기까지 했소. 나는 결국 올해, 1800년 봄에 가족들과 함께 고향 마현 마을로 돌아와 버렸소. 나를 시기하는 사람들이 너무 많으니 벼슬을 하지 않고 고향으로 돌아오면 그들에게

공격받지 않으리라는 생각 때문이었소.

　그러나 임금님은 바로 며칠 전까지도 계속 돌아오라며 명을 내리셨소. 임금님 곁으로 돌아가 백성들을 돌보고 싶은 맘도 있었지만, 그저 모든 것을 잊고 학문에만 힘쓰고픈 생각이 더 컸소. 그래서 나는 임금님을 그리며 경학(經學)을 본격적으로 연구하기 시작하였소.

　그리고 어젯밤, 나는 한양에 계신 임금님 생각을 하며 잠자리에 들었던 것이오. 그 이후로는 기억이 나지 않소. 꿈에 임금님을 뵈었던 것 같기도 하지만, 아무튼 깨어 보니 도령이 내 앞에 서 있었던 거요.

　나는 도무지 영문을 모르겠소. 나를 도와주시오.

⑤ 경학과 경세학

　아저씨의 이야기를 모두 들은 나는 멀뚱멀뚱 아저씨를 쳐다보고
만 있었다. 이 아저씨 정말 정약용 아저씨가 맞는가 보다. 아니라
면 이렇게 자세히 정약용에 대해 알고 있을 리가 없잖아? 그렇다
면 정말 영문을 모르겠다. 아저씨는 대체 왜 이렇게 갑작스럽게
21세기의 대한민국으로 오게 된 걸까?

　나는 불쌍하게도 대한민국에 홀로 버려진 조선시대 아저씨를 우
리 집으로 모시고 가기로 했다. 비록 주방이 딸린 방 두 칸에 거실

도 없는 집이지만 아저씨가 잠시 살기에는 부족함이 없을 거다.

문제는 아빠다. 아빠가 비록 한없이 마음씨 좋은 분이라 해도 다산 정약용 아저씨의 말은 믿지도 않을 테니.

"아저씨, 우선 저희 집으로 가세요. 저랑 같이 살면서 다시 과거로 돌아갈 방법을 궁리해 봐요!"

"고맙소, 도령."

"대신 당분간은 저희 아빠 몰래 숨어 계셔야 돼요!"

아빠는 요즘 밤늦게 집에 들어오시고 새벽 일찍 나가시기 때문에 아저씨를 숨기는 일은 그다지 어렵지 않을 것이다. 우리 집으로 온 아저씨는 무엇이 그리 신기한지 텔레비전이며 아빠가 힘들게 장만해 주신 컴퓨터, 가스레인지 등을 한참이나 관찰했다.

"그렇게 신기하세요? 히히."

"이게 다 뭐 하는 장치오? 이백 년 만에 세상이 이렇게 변하다니 놀라울 따름이오."

나는 아침에 먹다 만 식빵을 구워서 우유와 함께 대접했다. 다산 아저씨는 식빵을 신기해하시다가 한번 맛을 보시고는 열 조각이나 드셨다. 배가 불러진 우리는 따뜻한 방에서 이런저런 이야기를 나누었다. 아저씨는 분명 몸이 나른하실 텐데도 양반답게 양반 다리를 하고 꼿꼿이 앉아 계셨다.

"아저씨! 오늘 담임선생님께 아저씨에 대해 배웠어요. 선생님께서는 제가 꼭 정약용 아저씨처럼 될 거라고 하셨어요."

"하하, 나는 그렇게 훌륭한 사람이 못되오."

"아니에요. 이건 마치 운명인 것 같아요! 아저씨께서 다시 과거로 돌아가시기 전까지 아저씨께 열심히 배우겠어요. 그래서 꼭 거중기처럼 훌륭한 기계를 발명할 거예요!"

"하하, 나도 도령을 돕고 싶소."

"그런데 아저씨, 아까 말씀하셨던 경학이라는 게 대체 뭐예요? 아저씨께서 연구하기 시작하셨다는……."

"알고 싶소?"

"네! 알려 주세요. 그런데 아저씨! 그런 말투를 쓰면 다른 사람들에게 오해를 받을 거예요. 여기에 있는 동안만이라도 잠시 말투를 바꾸세요! 그리고 저는 어리니 말씀을 놓으세요."

아저씨는 잠시 멋쩍어 하시더니,

"그럼 노력해 보겠소. 아니, 노력해 보리다. 노력해 보지!"

하셨다. 나는 그 모습이 재미있어서 깔깔거리고 웃었다.

"경학은 중국 유가 사상의 경전을 연구하는 학문이오. 아니, 학문이지. 경전이라는 것은 덕과 현명함을 갖춘 위인이 지은 책이나 그러한 위인의 말이나 행동을 적어 놓은 책을 말해. 유가 사상에서 훌륭한 위인을 꼽으라면…….”

“공자, 맹자 이런 분들 아니에요?”

“똑똑하구나. 마치 나의 어린 시절을 보는 듯해.”

“히히, 시립도서관에서 책을 많이 읽었거든요.”

“공자, 맹자 등의 경전을 공부하고 연구하는 학문을 바로 경학이라고 하는 거란다. 그렇지만 나는 단지 경전을 공부하는 것에 그치지 않고 새롭게 해석하여 실제 생활에 실천 가능하게 하고 싶었다. 일상생활에 전혀 쓸모없는 학문이 무슨 소용이겠니? 진짜 선비의 학문은 나라를 다스리고 백성을 편안하게 하며 적을 물리치고 재물을 넉넉하게 하는 등 생활에 활용할 수 있는 것이어야 한다. 어찌 책상에 앉아서 글이나 짓고 쓸데없는 공부만 하는 것이 선비의 학문이겠니?”

나는 고개를 끄덕였다. 아저씨의 말은 구구절절 옳다.

“맞아요, 아저씨. 저도 학교에서 배운 수학으로 어려운 돈 계산을 척척 해낼 땐 정말 뿌듯해요.”

“나는 이론 위주인 경전을 새롭게 재해석하여 공자, 맹자가 진짜로 무엇을 말하려고 했는지 알아내는 데 힘썼단다. 그리고 이렇게 연구한 경학을 통해 인간 됨됨이를 수양하고, 경세학으로 세상과 나라를 경영하려고 했단다."

"아저씨, 경세학은 또 뭐예요?"

"하하. 정말 대철이는 궁금한 게 많구나. 앞서 설명했지? 경학은 경전을 연구하는 학문인데, 나는 그 학문의 정신대로 실천 가능하게 하고 싶었다고. 그것이 바로 경세학이다. 경세학이라는 것은 세상을 다스리는 학문, 즉 완성된 인격과 훌륭한 능력으로 세상과 나라에 봉사하고, 문제가 있으면 개혁을 하는 등 실천을 핵심으로 하는 학문이란다."

"아무튼 실천이 중요한 거군요!"

"그렇다. 나라에 이러이러한 문제가 있다는 것을 공부하고도 그것을 바꾸려고 하지 않는다면 무슨 소용이겠니? 우선 경학으로 인간 됨됨이를 갖추고, 경세학으로 실천을 해야 한다는 것이 바로 내 생각이란다. 또 아까 내가 말했던 실제 생활에 도움이 되는 학문과 같은 맥락이야. 공자, 맹자를 아무리 외친다고 해도 당장 배가 고픈데 밥이 없으면 어떻게 되겠니? 곧 굶어 죽고 말겠지. 학문이라는 것은 양반이고 천민이고 할 것 없이 모두 이해할 수 있어야 하는 거야. 그리고 실제 생활에 사용될 수 있는 것이어야 하고. 그것이 바로 후세에 실학이라고 불리는 것인데, 이러한 사상들로 조선을 개혁하기도 전에 이렇게 미래로 와 버렸으니 정말 답답하구나. 임금님도 뵙고 싶고."

갑자기 표정이 어두워지는 아저씨를 보고 있자니 마음이 아파 왔다.

"아저씨! 힘내세요. 분명 아저씨께서 미래로 오게 된 이유가 있을 거예요."

"그래, 고맙소. 아니, 고맙구나."

나는 아저씨의 따뜻한 손을 꼭 잡아드렸다.

'하늘은 악한 사람에게는 벌을 내리고 근면 검소한 사람에게는 복을 내린다.'

이 말은 정약용의 명언이에요. 21세기의 대한민국으로 오게 된 다산 아저씨를 통해 우리는 다산 정약용의 일생에 대해 알아보았어요. 다산 정약용은 학자의 집안에서 태어나 어릴 적부터 학문에 뛰어난 재능을 보였고., 수원 화성을 설계하고 거중기를 개발한 훌륭한 과학자이기도 합니다. 또한 한자가 생긴 이래 가장 많은 저술을 남긴 학자라고도 하지요.

경학

정약용 학문 체계의 근본은 바로 경학(經學)입니다. 또한 경세학을 그 실현 방법으로 보고 있지요. 경학을 말하기 전에 우선 경전에 대해 알아볼까요?

경전(經典)이란 유가(유교)의 가르침을 적은 책으로, 차츰 늘어나 송나라 때는 13경이 되었습니다. 이러한 유가의 경전을 해석하거나 해설하는 학문을 경학이라고 부릅니다. 한나라 때에 경학이 발생하여 오늘날에까지 이르고 있습니다.

경학자들은 경전의 본래 뜻을 탐구하거나 해설하는 것만이 아니라, 자신의 사상적 또는 정치적 노선에 따라 해석하였습니다. 따라서 경전의 해석에는 해석자의 역사·문학·철학·윤리적 입장과 정치·사상적 방향을 대변하기 때문에 경전을 어떻게 해석했는가를 따지는 것은 매우 중요한 일입니다.

다산은 이론 위주의 육경과 사서(논어, 맹자, 대학, 중용)를 새롭게 재해석하여 공자, 맹자의 본지(本旨)가 무엇인가를 해명하는 데에 힘썼습니다. 또한 다산은 성(性)·인(仁)·도(道)·덕(德)·명(命) 등 대부분의 유교 중심적인 명제들을, 실행과 실천이 가능한 실학적 사고로 새로이 해석하였습니다.

다산의 경학은 뒤에 나오는 경세학의 기초가 됩니다.

경세학

경세학(經世學)은 다른 말로 경세제민지학(經世濟民之學)입니다. '세상을 다스리고 백성을 구제하는 학문'이라는 뜻이지요. 유교적 교양을 쌓은 선비들이 추구하는 것이 바로 이 경세학입니다. 《대학》에 보면 '수신제가 치국평천하(修身齊家治國平天下)'라는 말이 있는데, 이는 먼저 자신의 덕을 닦아 가정과 나라와 천하를 경영한다는 것입니다. 바로 선비들이 나아가야 할 방향입니다. 그래서 선비들이 덕을 쌓아 세상을 경영할 뜻을 품고, 뜻이 이루어지면 백성들을 잘살게 하려고 하였습니다.

다산은 다음의 말에서, 현재 백성들의 실태에 전혀 알지 못하는 고루한 선비의 잘못을 지적했습니다.

"참선비의 학문은 본디 나라를 다스리고, 백성을 편안하게 하며, 외적을 물리치고, 재물을 넉넉하게 하며, 문(文)과 무(武)에 모두 능해야 한다. 어찌 옛사람의 글귀나 따서 글을 짓고, 벌레나 물고기 등류의 해설을 하고, 소매 넓은 선비 옷을 입고서 예를 익히는 것만이 선비의 학문이겠는가."

조선 후기의 세상은 썩고 병들지 않은 분야가 없었다는 것이 다산의 생각이었습니다. 그래서 지금 당장 개혁하지 않으면 나라는 반드시 망하고 말 것이라 생각했지요.

　　이렇듯 정약용은 백성을 사랑하는 마음이 남달랐습니다. 학문에 힘쓴 까닭도 모두 나라를 부강하게 하고 백성들의 삶을 편하게 해 주려는 생각 때문이었습니다.

실학

　　실학(實學)이란 말 그대로 실제 생활에 필요한 학문입니다. 그러나 그렇게 따진다면 실생활에 필요치 않은 것은 없습니다. 실학의 뜻을 실사구시(實事求是) 곧 '실제의 일에서 옳음을 구한다'는 데서 찾는데, 이 또한 실학의 성격을 나타내기도 합니다.

　　그러나 우리나라 학계에서는 실학을 조선조 17세기에서 18세기를 거쳐 19세기 초반까지 일어났던 특정한 학풍을 가리킵니다. 실학자들이라고 해서 실생활에 필요한 것만 연구한 것은 아닙니다. 생활에 필요한 학문을 위해 그것의 기초가 되는 철학적 탐구도 소홀히 하지 않았음을 잊어서는 안 됩니다. 다산을 비롯하여 이익이나 홍대용 그리고 최한기의 경우에서 그러한 점을 발견할 수 있습니다.

　　어때요? 경학과 경세학을 연구했던 다산에게서 백성을 사랑한 마음이 느껴지나요? 다산은 경학으로 내면적 도덕을 확립하고, 경세학을 가지고 나라와 세상을 다스리고자 하였던 것입니다.

수원 화성과 다산 아저씨

결국 아빠한테 들키고 만 다산 아저씨. 아빠
는 밥값은 하라며 아저씨더러 공사장에 나가
일을 하라지 뭐야. 아빠! 아저씨는 양반이라
고요!
그런데 아저씨가 일하게 된 곳은 다름 아닌
수원 화성 복원 공사장! 설계도 하고 복원도
하고 아저씨는 바쁘다, 바빠!

① 미나는 원래 착해

 다음 날, 학교에서 미나를 만났다. 미나는 여느 때와 다름없이 나에게 차갑게 대하고 내 얼굴조차 쳐다보지 않았다. 나는 정약용 아저씨 이야기를 하고 싶어서 입이 근질거리는데 말이다. 겨우 쉬는 시간에 미나와 이야기를 할 수 있었다.

 "어제 그 아저씨 말이야, 그 아저씨가 바로 정약용 아저씨야!"

 "어제 그 아저씨라니? 그 노숙자 아저씨 말이야? 그 아저씨가 정약용이라고? 웬 헛소리니?"

"헛소리가 아니야, 미나야. 진짜야. 그 아저씨가 바로 정……."

"됐어! 너랑 길게 이야기하고 싶지 않아. 어제의 화도 아직 덜 풀렸고! 난 준형이랑 어디 좀 가기로 해서 이만."

미나는 그 어느 때보다 차갑게 나에게서 돌아섰다. 그러고는 환한 표정으로 준형이와 함께 교실 문을 나서는 거다. 정말이지 여자들의 마음은 알다가도 모르겠다! 어제까지만 해도, 나를 선생님께 일러바치지 않은 미나가 나한테 약간의 관심이라도 있는 줄 알고 들떠 있었단 말이다.

시무룩한 표정으로 집으로 돌아오니 아저씨는 내 책장 속의 책들을 하나하나 꺼내 보고 계셨다.

"모든 책들이 한글로 씌어져 있구나. 내가 살고 있는 1800년에는 양반들이 모두 한문으로 된 책을 읽었단다."

나는 간단하게 아저씨와 점심을 먹고 나서 아저씨에게 고민 상담을 하기 시작했다.

"아저씨! 제가 어제 아저씨의 이야기를 들어드렸으니 아저씨도 제 고민거리를 해결해 주세요. 아저씨는 똑똑한 분이니까 분명히 해결책을 알고 계실 거예요."

"무엇이든 말해 보아라. 너는 나의 은인이니 너에게 고민거리가 있다면 어떻게든 해결해 주고 싶구나."

나는 이렇게 듬직한 아저씨를 만나게 된 것이 참 다행이라는 생각이 들었다.

"제가 좋아하는 여자 애가 있어요. 아저씨도 보셨을 거예요. 어제 쓰레기장에서 저랑 함께 있던 여자 애예요. 이름은 미나라고……."

내가 여기까지 말씀드리자 아저씨는 별일 아니라는 듯이 허허 웃으며 말씀하셨다.

"그렇다면 부모님께 말씀드려 그 처자와 혼인을 하면 되지 않겠니? 혹시 신분 차이 때문에 고민하고 있는 거니?"

나는 뒤로 넘어갈 뻔했다, 하하하. 이 아저씨가 조선에서 온 아저씨라는 사실을 내가 잠시 잊고 있었구나!

"아저씨! 지금은 21세기라고요! 21세기에는 적어도 스무 살은 넘어야 결혼을 한다고요! 그리고 문제는 미나가 절 좋아하지 않는다는 거예요!"

내가 이렇게 말하자 아저씨는 깜짝 놀라며 대답하셨다.

"그럼 21세기의 대한민국에서는 부모님께서 혼인 상대를 정해 주시지 않는다는 말이니?"

으악. 이 아저씨 완전 할아버지 같은 소리만 하신다. 완전 구닥다리 할아버지!

"으이그, 됐어요. 상담은 없었던 일로 하자고요!"

아저씨는 멋쩍은 듯이 허허 웃기만 하셨다.

"그런데 아저씨! 대체 여자들은 왜 그렇게 변덕이 심한 걸까요? 어쩔 때 보면 미나는 정말이지 천사같이 착해요. 그런데 또 어쩔 때 보면 너무 차가워서 무섭기까지 해요. 미나는 원래 착한 아이인데 저한테만 못되게 구는 걸까요? 아니면 원래 못된 아이인데 가끔 착한 행동을 하는 걸까요? 전 도무지 모르겠어요."

그러자 아저씨의 눈이 반짝 빛나셨다.

"하하. 이건 대답해 줄 수 있을 것 같구나. 들어 보아라. 인간의 성품은 비록 천부적으로 주어졌지만 그렇다고 해서 고정적으로 정해진 무엇은 아니란다. 말하자면 인간의 도덕성은 정해진 상태로 주어지는 것이 아니며, 인간의 본성에는 기호만이 있다는 것이다. 자신의 마음이 끌려서 좋아하게 되는 것을 '기호'라고 하는데 인간의 본성에는 이 기호의 성향만 있다는 것이지. 우리가 커피나 차 등을 '기호 식품'이라고 말할 때 바로 그 기호란다."

"그러니까 미나는 원래부터 착하지도, 나쁘지도 않다는 뜻이네요? 그저 자신이 끌려 좋아하는 기호가 있을 뿐이고."

"그렇지."

나는 더 자세히 알고 싶어졌다.

"기호란 것에 대해 더 자세히 알려 주세요!"

"하하, 그래. 기호란 다른 말로 경향성인데, 인간에게는 두 가지 기호가 있단다. 하나는 영지(靈知)의 기호, 즉 품성이나 지성으로 즐기고 좋아하는 것이고, 다른 하나는 형구(形軀)의 기호, 즉 육체적 또는 감각적으로 즐기고 좋아하는 것이다. 영지의 기호란 우리가 선을 즐거워하고 악을 미워하며, 덕행을 좋아하고 더러움을 부끄럽게 여기는 마음이다. 이것이야 말로 우리 인간이 가지고 있는 본성이며 도의의 성품이라고도 한다. 형구의 기호란 우리 눈이 좋은 빛깔을 좋아하고, 입이 맛있는 요리를 즐겨 하며, 따뜻하게 입고 배부르게 먹는 것을 좋아하는 것 등을 말한다. 이것은 인간뿐 아니라 동물도 가지고 있는 성품이지. 이것을 기질의 성품이라 한단다. 인간은 도의의 성품과 기질의 성품 중 어떤 성품을 가지고 있을까?"

"음. 두 성품 모두 가지고 있는 것 아니에요?"

"그래, 맞다. 인간은 도의와 기질의 성품을 동시에 가지고 있는

존재이다. 그러나 동물은 단지 기질의 성품만 가지고 있지. 그러니까 인간은 동물과 구별되는 것이야. 만약 인간에게서 도의의 성품을 없애 버리면 인간은 동물과 다름없어지겠지? 그러나 기질의 성품 때문에 나쁜 사람이 되는 것은 아니야. 사람이 나쁘게 되는 것은 기질의 성품 때문이 아니고 자신의 행동을 스스로 결정할 권리인 '자주지권'이 있는데 그 권리를 어떻게 사용하느냐에 따라 착하게도 되고 나쁘게도 되는 것이지."

"그러니까 미나가 착하거나 착하지 않은 것은 미나의 타고난 성품이 아니라 전적으로 미나의 마음에 달렸다 그런 말씀인가요?"

"그렇단다."

나는 고개를 끄덕였다. 좀 어렵긴 하지만 몇 번 곱씹어 보니 이해가 되었다.

"그런데 여기서 중요한 점은 바로 인간은 기본적으로 평등하게 태어난다는 점이다."

"그거야 당연한 거 아닌가요? 인간은 평등해요!"

아저씨는 그러나 고개를 가로저으며 말씀하셨다.

"1800년의 조선은 그렇지 않단다. 백성들은 자신의 아버지가 양반이면 자신도 양반으로 태어나고 아버지가 천민이면 자신도 천민으로 태어난다고 믿고 있다. 21세기의 대한민국은 신분제도가 없니?"

"네! 그런 건 없어요! 모든 국민들은 평등해요. 대통령이나 정치인도 국민들이 직접 뽑고요."

내 말을 들은 아저씨는 놀랍다는 듯이 눈을 깜박였다.

"정말 세상이 좋아졌구나! 내가 원하던 것이 모두 이루어진 세상인가 보구나. 내가 살던 시대의 사람들이 흔히 생각하듯, 왕은 하늘의 명령을 받아서 되는 것이라고만은 생각하지 않았어. 그리고 나는 한때 백성들이 직접 대표를 선출하는 민주 정치를 생각해 본 적도 있지. 또한 왕이 백성들의 뜻에 거스르는 행동을 하면 마땅히 교체될 수 있어야 한다고 생각하기도 했어. 그러나 꽉 막힌 1800년의 조선에서 내 주장은 전혀 실현 가능성이 없었지. 앞으로 나에게 21세기 대한민국의 모습에 대해 더 자세히 이야기해 주겠니?"

"당근이죠!"

내가 과연 다산 아저씨께 도움이 될 수 있을까? 의문이다. 그렇지만 나는 시립도서관에 가지 않아도 이렇게 움직이는 도서관이 옆에 있으니 정말 좋다. 헤헤.

"아저씨! 하나만 더 알려 주세요."

"그래, 뭐니?"

"지난번에 아저씨께서 알려 주셨던 실학에 대해서 좀 더 자세히 설명해 주세요. 오늘 곰곰이 생각해 봤는데 이해가 잘 안 돼요. 지난번에 아저씨께서 실학은 실생활에 활용할 수 있는 학문이라고 하셨죠? 그럼 그 전까지는 학문이 전혀 실생활에 도움이 안 됐단 말씀인가요?

"하하, 그래. 정말 너를 보고 있으면 내 어린 시절을 보는 것 같구나. 처음부터 차근차근 설명해 주마. 조선 후기에 임진왜란과 병자호란이 일어나 우리나라 땅의 많은 부분이 황폐화되었단다. 그때의 백성들은 모두 농사를 지었는데 땅이 황폐화되었으니 당연히 식량 생산이 줄어들어 어려움을 겪게 되었지. 그런데 당시 정치가들은 백성들의 현실 생활과 동떨어진 정권 다툼에 온 힘을 쏟았다. 그리고 성리학을 연구하는 학자들도 백성들의 굶주림을 해결할 실생활의 학문보다는 과거 시험이나 예절이나 도덕만을 추구하는 공부만 하였단다. 그러니 당연히 많은 사람들이 비난을 하였겠지."

나는 얼굴을 찡그렸다.

"백성들은 화가 많이 났겠어요!"

"그래. 백성들뿐만 아니라 몇몇의 학자들도 학문은 백성들의 실제 생활을 풍족하게 하는 데 도움을 주어야 한다고 주장하기 시작했어. 그래서 실생활에 도움을 주는 학문을 하게 되었는데, 후세 사람들이 이를 '실학'이라 부른 게다."

"그럼 실학을 연구하는 학자들을 '실학자'라고 하는 거군요?"

아저씨는 흐뭇하게 웃으셨다.

"그래, 그렇단다. 실학자들은 크게 농업을 중시한 학자들과 상공업을 중시한 학자들로 나눌 수 있지."

"그럼 아저씨는 어느 쪽이신가요?"

"하하. 나는 내가 실학자라고 말한 적 없는걸?"

"아저씨는 분명히 실학자세요! 아저씨 같은 분이 백성들이 굶어죽어 가는 데도 모른 체하고 책상에 앉아 공부만 할 것 같진 않다고요! 또 지난번 경학에 대해 설명해 주실 때 벌써 눈치 챘어요!"

아저씨는 멋쩍어하시면서 대답하셨다.

"하하하, 들켰구나. 그래, 굳이 나누자면 나는 농업과 상공업을 아울러 중시했다고 할 수 있겠구나. 특히 나는 공동 농장을 만들어 그곳에서 다 같이 일을 하면 어떨까 구상해 보았단다. 다 같이 일하고 똑같이 분배를 하는 거지. 또는 나라에서 토지를 농민들에게 분배해 주는 방법도 좋겠고."

"결국 실학사상은 농민들에게 많은 도움이 되었나요?"

"글쎄. 나는 1800년에서 살다 왔기 때문에 그 뒤의 일은 모르겠구나. 하지만 실학은 실용적인 학문으로서 자리잡아 가고 있었어."

나는 머릿속에 커다란 물음표들이 둥둥 떠다니는 기분이 들었다. 공부는 끝이 없는 거라고 어른들께서 하시던 말씀이 이제야 좀 이해가 간다! 히히.

② 찢겨진 위인전

　며칠 동안 아빠와 아저씨의 숨바꼭질이 계속되었다. 아빠가 내 방에 못 들어오시게 하는 일은 꽤나 힘이 든다. 그리고 아저씨에게 아빠의 옷 몇 벌을 입으시라고 드렸기 때문에 가뜩이나 옷이 없는 아빠는 아침마다 쩔쩔 매신다.

　"아니, 대체 그 옷이 어디 갔지? 대철아, 아빠 옷 못 봤니? 빨간색에 하얀 동그라미 무늬가 있는 그 티셔츠 말이다!"

　"모, 몰라요!"

"그럼 자주색에 검정 체크가 있는 면바지도 못 봤니?"

"지, 진짜 몰라요!"

정약용 아저씨는 아저씨 나름대로 쩔쩔매신다. 아빠가 퇴근하셨을 때는 내 방문 뒤에 숨거나 심지어는 장롱 속에 숨어 계셔야 한다. 정말 양반 체면이 말이 아니다.

자라 보고 놀란 가슴 솥뚜껑 보고도 놀란다고, 나도 요즘은 깜짝 깜짝 놀라는 일이 잦다. 아저씨와 방에서 신나게 놀다가 현관문에 바람 부딪히는 소리만 나도 등에 식은땀이 줄줄 나는 거다.

"대철아, 아저씨가 좀 무료하구나. 오늘은 하교길에 도서관에 들러 책 몇 권만 빌려다 주겠니? 혹시 나와 관련된 책이 있다면 그것을 빌려다 주려무나."

"헉. 아저씨! 저 책장에 있는 책들을 벌써 다 읽으셨어요?"

"저 책이 몇 권이나 된다고. 한 200권 정도밖에 안 돼서 그동안 아껴 읽었단다. 허허."

우와. 역시 대단한 다산 아저씨!

나는 아저씨와의 약속대로 방과 후에 시립도서관에 들렀다. 아저씨와 관련된 책이라……. 그동안 내가 여기저기 알아본 바에 의하면 다산 아저씨는 그다지 유명한 위인이 아니다. 모르는 사람이 대부분이고 다산 아저씨께서 한 일도 거중기 발명 정도밖에 알려져 있는 것이 없다. 이유를 모르겠다. 지금의 아저씨는 정말 똑똑하고 훌륭한 분인데 왜 이렇게 후세에 알려진 것이 적을까?

나는 도서관의 먼지 쌓인 구석에서 겨우 아저씨의 위인전을 한 권 찾아냈다. 위인전 전집의 제목도 재밌다.

《우리가 잘 모르는 100명의 위인 전집 99 — 다산 정약용 편》.

나는 도서관 책상에 앉아 꼬박 두 시간에 걸쳐 아저씨의 위인전을 모두 읽어 버렸다.

그리고 난 알아 버렸다. 아저씨가 후세에 왜 이렇게 알려진 것이 적은지를. 위인전의 내용은 아저씨가 해 주었던 자신의 이야기와 별 다를 바가 없었다. 아니, 똑같았다.

마현 마을에서 태어난 정약용은 어렸을 때부터 천재 소리를 들었고 22세 때는 성균관에 입학하였으며, 28세 때 과거에 급제하였다. 한강에 배다리를 성공적으로 건설하였으며, 임금님의 명을 받아 수원 화성을 설계하였고, 거중기를 만들어 공사비와 기간을 단축시켰다. 암행어사가 되어 탐관오리들을 처벌하기도 하였고, 곡산에 부사로 있을 때에는 백성들의 목소리에 귀를 기울이는 훌

류한 벼슬아치였다. 그러나 반대파들이 많아 1800년 봄에는 고
향 마현 마을로 돌아왔으며 학문에만 힘썼다.

그러나 그 뒷부분은 매우 충격적이었다.

　정약용을 총애하던 정조 임금님은 1800년 6월, 병으로 갑자기
세상을 떠나시고 만다. 자신을 지켜 주던 보호막이 없어져 버린
정약용은 하늘이 무너지는 듯한 슬픔에 빠졌다. 반대파들은 때를
만난 듯 누명을 씌어 그를 죽이려 하지만 겨우 목숨을 구하고 유
배를 떠난다. 장차 훌륭한 명재상이 될 것이라고 예상 되었던 정
약용, 조선을 새롭게 개혁하리라 기대되었던 정약용은 결국 슬픔
과 고통에 빠져 허송세월을 보내다가 귀양지에서 곧 죽고 만다.

　나는 힘없이 책장을 덮었다. 그럴 리가 없어. 그렇게 훌륭한 아
저씨가 자신의 뜻을 제대로 펴 보지도 못하고 귀양지에서 곧 죽게
된다니…….
　나도 모르게 눈에서 눈물이 주르륵 흘렀다. 아무것도 모르고 곧
세상을 떠나실 정조 임금님만을 그리워하고 계실 아저씨 생각이

났다. 아저씨는 정말 바보다. 아무것도 모르는 바보! 자신이 곧 죽게 된다는 사실도 모르는 바보!

나는 눈물을 닦고 나서 아저씨의 위인전을 대출한 다음 도서관을 나왔다. 이 책을 아저씨에게 가져다 드려도 되는 걸까? 나는 굳은 결심을 하고 아저씨의 위인전 뒷부분을 뜯었다. 아저씨의 죽음이 써 있는 부분이다. 빌린 책을 찢는 일은 정말 나쁘지만 어쩔 수 없다. 책을 반납할 때 도로 붙여야지.

집에 돌아오니 아저씨께서 컴퓨터 앞에 앉아 계셨다.

"대철아, 내가 뭔가 잘못 눌렀는데 이 장치에서 윙 하는 소리가 나면서 번쩍 하고 불빛이 들어오더구나. 깜짝 놀라서 이것저것 만져 보고 있었다."

아무것도 모르는 듯한 아저씨의 환한 표정을 보니 또 눈물이 나오려 했다.

"아무거나 만지면 고장난다고요! 저리 비키세요."

난 괜히 아저씨한테 심통을 부렸다. 그러고는 금방 후회했다.

"죄송해요. 아저씨……."

"허허, 괜찮다. 하루 종일 네가 돌아오길 기다렸다. 내가 지난번에 미래로 오는 날 꿈속에서 임금님을 뵈었다고 했지? 그때 임금

님께서 나에게 하셨던 말씀이 기억났어."

나는 깜짝 놀랐다. 대체 임금님이 아저씨한테 무슨 말씀을 하셨을까? 나는 곧 죽는다? 아니면 너는 곧 죽는다? 으악. 나는 머리를 가로저었다.

"왜 그러니, 대철아?"

"아, 아니에요. 임금님께서 뭐라고 하셨어요?"

"응. 가물가물했는데 이제는 똑똑히 기억난다. 임금님께서 말씀하셨어. '내가 너를 미래로 보낼 것이다. 나는 오래 살지 못할 것 같다. 내가 죽고 나면 발전하고 있던 조선은 갑작스레 퇴보의 길을 걷게 되겠지. 지금 조선에는 너의 반대파가 많아 꿈을 펼치기 어려우니 미래에서라도 뜻을 마음껏 펼쳐 보아라. 그리고 많이 배우고 조선으로 다시 돌아와 더욱 훌륭한 일을 많이 하여라. 두 달 뒤에 데리러 오겠다'라고 말씀하셨지."

아저씨의 꼿꼿했던 허리와 목이 조심스럽게 움츠러들었다. 그리고 표정은 금방이라도 눈물을 흘릴 듯이 어두워졌다.

나도 고개를 떨구었다. 두 달……. 두 달 뒤에 아저씨는 조선으로 돌아간다. 아니다. 아저씨를 돌려보낼 수는 없어. 그렇게 할 수는 없어.

그러나 지금 내가 할 수 있는 일은 그저 아저씨의 손을 잡아 드리는 것뿐.

　나는 한참을 고민 하다가 밤늦게서야 아저씨께 위인전을 내밀었다.

　"하하. 내 위인전이 정말 있구나! 어서 읽어 보자꾸나."

　아저씨는 책장을 넘기며 한 장 한 장 읽어 내려가셨고 난 이불 속에 들어가 잠을 자는 척했다. 아저씨는 순식간에 책을 모두 읽으셨지만 왜 뒷부분이 찢겨져 나갔는지는 나에게 묻지 않으셨다. 난 소리 죽여 눈물을 흘리다가 진짜 잠에 빠져 들었다.

3 밥값은 하세요

다음 날 아침, 우리 집엔 세 사람의 비명이 울려 퍼졌다.

"으악! 당신 누구야!"

"앗! 들켰다!"

"어마야! 아빠! 제 방에는 왜 들어오셨어요!"

잠시 뒤. 세 사람은 내 방에 심각한 표정으로 둘러앉았다. 아빠의 얼굴에는 당혹스러움이, 아저씨의 표정에는 미안함이, 내 표정에는 안타까움이 묻어났다.

"아빠! 아저씨는 좋은 분이에요! 절대 쫓아내면 안 된다고요! 우리 셋이 같이 살아요. 네?"

"죄송합니다. 어쩌다 보니 이렇게 됐습니다. 현재 저는 갈 곳이 없습니다. 딱 두 달만 신세지겠습니다. 부탁드립니다."

나와 아저씨는 서로 약속이나 한 듯이 아저씨의 진짜 정체를 아빠에게 말하지 않았다. 아빠는 절대 믿지 않을 것이 뻔하니까. 나와 아저씨의 간곡한 부탁에 아빠도 결국 마음을 여셨다. 그러나 한 가지 조건이 있었다.

"제가 나이가 더 어린 것 같으니 형님이라고 부르지요. 형님이 보시다시피 대철이와 저는 넉넉한 형편이 아닙니다. 그런데 입이 하나 더 늘었으니 밥값은 하셔야겠습니다. 제가 요즘 일하는 공사장에 일손이 딸리니 함께 가서 일하십시다."

"안 돼요, 아빠! 아저씨는 양반……."

'양반이시라고요. 험한 일은 절대 못하세요' 라고 말하려던 나는 깜짝 놀라 입을 막았다. 아저씨는 집에만 있기 답답했던 차에 오히려 신이 난 표정이었다.

"그런데 공사장이 어딥니까?"

아저씨의 물음에 아빠는 어깨를 으쓱하며 대답하셨다.

"대단한 곳입니다. 보통 일꾼들은 실력이 딸려서 일할 엄두도 못내는 곳이지요. 저는 요새 자부심을 가지고 일을 합니다. 바로 유네스코 세계문화유산으로 등록된 수원 화성의 복원 공사장이거든요."

앗, 아저씨와 나의 눈이 동시에 반짝였다. 수원 화성이라면 바로 아저씨가 설계를 한 곳이 아닌가? 아저씨는 감격스러운 듯한 표정으로 떨리는 가슴에 손을 얹었다.

수원 화성 복원 공사에서의 활약

수원 화성은 건설된 지 200년이 넘도록 굳건하게 수원의 중심을 지켜 왔다. 그러나 유네스코 세계문화유산으로 지정된 화성은 한국전쟁 때 일부가 폭격을 맞았고 세월의 힘에 못 이겨 부식된 부분도 있어 원형 그대로 복원해야 한다는 여론이 높아졌다. 그래서 몇몇 국회의원들이 복원 공사를 추진했고, 마침 아빠가 그곳에서 일을 하게 된 거였다.

아빠의 말을 빌리건대, 수원 화성에 일을 하러 간 첫날 정약용 아저씨의 활약은 정말 대단했다고 한다.

"저기 무지개 문 양쪽의 화강석들이 부분적으로 이탈했네요. 저기 저 부분은 기왓장이 떨어졌고요."

"거기는 그렇게 공사를 하면 안 됩니다. 자연석 주춧돌 위로 기둥을 세울 때 쓰는 방법인 그랭이질을 이용해야지요. 그래야 원래의 아름다운 화강암 곡선들이 다시 살아나게 됩니다."

"장안문은 남북으로 스물두 보, 동서로 마흔일곱 보를 열 척 일곱 촌 깊이로 파내고 입사기초를 했어요. 그래서 이층 문루의 무게를 감당하고 있는 겁니다. 아니, 그런데 저기는 왜 돌 색깔이 원래와 다르죠?"

아저씨는 수원 화성의 건축 방법과 재료, 생김새, 위치 등에 대해 너무나도 정확히 꿰뚫고 있었기 때문에 복원 공사 관리자까지 쩔쩔매게 했다고 한다. 나는 당당한 모습으로 공사를 지휘하고 있을 아저씨의 모습이 보고파서 다음 날, 화성으로 찾아갔다.

그런데 아저씨는 어딜 가셨는지 보이질 않고 아빠만 다른 일꾼 아저씨들과 그늘에서 쉬고 계셨다.

"아유, 우리 대철이 아빠 보러 여기까지 왔구나?"

"하하, 네. 아빠 힘드시죠?"

"아니다. 이봐, 최씨! 얘가 바로 내 아들이야. 반에서 부반장이라고! 하하."

아빠는 아빠와 함께 일하는 최씨 아저씨를 소개시켜 주셨다. 최씨 아저씨는 정말 마음씨가 좋은 분이셨다. 집에서 싸온 율무차를 나눠 주시고는 내 머리를 쓰다듬어 주셨다.

"거참, 잘 생겼다! 내 딸도 딱 너 만한데. 마침 오늘 올 거다. 소개시켜 주마. 그리고 너 아빠한테 효도하거라. 네 아빠는 정말 훌륭하신 분이다."

"예끼! 이 사람아! 내가 뭘, 껄껄."

그때 뒤에서 최씨 아저씨를 부르는 어떤 여자 아이의 목소리가 들렸다.

"아빠! 도시락 가져 왔어요!"

어라? 이건 낯익은 목소리인데? 뒤를 돌아봤더니 목소리의 주인공은 다름 아닌 미나, 미나였다!

미나는 내 얼굴을 보더니 깜짝 놀라서 도시락을 바닥에 떨어뜨리고는 도망쳤다.

"미나야! 미나야!"

"난 몰라!"

한참 뒤에야 나는 미나를 성곽 아래서 찾아냈다. 미나는 엎드려서 울고 있었다. 나는 미나에게 무슨 말을 해 줘야 할지 몰라서 머뭇거렸다.

"네가 바로 미나로구나?"

그때였다. 아저씨께서 나타나셨다.

"아저씨, 어디 계셨어요?"

나는 반가운 마음이 들어 아저씨께 달려갔다.

"여기저기 좀 둘러보았다. 이 화성을 세웠던 몇 년 전 생각도 나고 해서. 여기에 오니 비로소 내가 미래에 와 있다는 사실이 실감나는구나. 나한테는 불과 몇 해 전에 지어진 성곽인데 이렇게 많이 낡다니."

미나는 눈물로 얼룩진 눈을 들어 아저씨를 보고는 얼굴을 찡그렸다. 미나는 아직까지도 아저씨를 정신이 이상한 노숙자라고 생각하고 있나 보다. 아저씨는 미나에게 다가가서 따뜻한 목소리로 물었다.

"미나야, 공사장에서 일하시는 아빠가 부끄럽니?"

미나는 울면서 고개를 끄덕였다.

"아니야. 부끄러운 게 아니야. 공사장에서 일하는 것은 절대 부끄러운 일이 아니란다. 오히려 아주 훌륭한 일이지.”

미나는 이유를 모르겠다는 듯이 아저씨를 쳐다보았다.

“그럼 너희들 내 이야기 좀 들어 보겠니?”

아저씨는 더욱 따스한 눈길로 미나와 나를 바라보며 이야기를 계속 이어 나가셨다.

“하늘은 동물들에게 발톱과 뿔과 날카로운 이빨과 무시무시한 독을 주어서 적의 습격을 막아 낼 수 있게 하였지? 그런데 인간에게는 무엇을 주었을까? 단지 벌거숭이 몸을 주었을 뿐이다. 왜 하늘은 동물한테는 후하게 하고 귀한 인간에게는 박하게 하였을까?”

“인간에게는 도구를 사용할 줄 아는 등의 지혜가 넘치잖아요!”

내가 대답했다.

“하하, 맞다. 인간에게는 지혜로운 생각과 연구력이 있으니 기예를 익혀서 우리의 힘으로 살아가도록 한 거야. 기예라는 건 기술과 재주를 말한단다. 기술과 재주를 갈고 닦아 놓으면 생활이 편리해지고 나라가 부유해지며 백성들은 넉넉하게 오래 살 수 있게 된단다. 너희들의 아버지들은 기술과 재주를 갈고 닦으신 분들이시다. 너희 아버지들 덕분으로 높다란 건물도 지을 수 있게 됐고

나라가 부자가 되지 않았니? 200년 전까지만 해도 조선은 기술과 재주를 갈고 닦는 일을 천하게 여겼다. 그래서 강대하고 부유한 나라가 될 수 없었던 거란다."

"그렇군요. 기예에 대해 더 자세히 말씀해 주세요."

나는 끊임없는 호기심을 주체 못하고 아저씨께 부탁했다. 아저씨는 귀찮아하는 기색도 없이 허허 웃으며 대답해 주신다.

"그래. 기예라는 것, 즉 기술과 재주는 어떻게 하면 더욱 발전할 수 있을까?"

"음. 많은 사람들이 함께 노력하면 발전하지 않겠어요? 백지장도 맞들면 낫다잖아요."

미나는 이제 완전히 아까의 일을 잊어버렸는지 아저씨의 말에 귀를 기울이고 있었다.

"그래, 맞다. 기예라는 것은 사람들이 많이 모이면 더욱 정교해지기 마련이지. 아무래도 시골보다는 사람이 많은 서울에 최신식 기계가 더욱 발달하지 않았니. 그리고 세월이 흐르면 더욱 발전하게 된단다. 재미있는 이야기가 있다. 시골 마을에 사는 사람이 오래전에 서울에 왔다가, 처음으로 개발되어서 아직 완벽하지 않은 방법을 우연히 전해 듣고는 기쁘게 집으로 돌아와서 혼자 시험해

본 다음, 속으로 자신만만하여 말하였단다. '세상에 이 방법보다 더 우수한 것은 절대 없다.' 그리고 아들과 손자를 모두 모아 놓고 '서울에서 말하는 기예라는 것을 내가 모두 배워 가지고 돌아왔다. 지금부터는 서울에서 더 배워 올 것이 없다' 라고 말했단다."

"하하하하."

"그 시골 사람은 정말 어리석어요!"

"그렇다. 너희들도 그 시골 사람처럼 되지 않으려면 끊임없이 새로운 기예를 익히고 새로운 발명을 해야 한단다. 알겠니?"

"네!"

미나와 나는 힘차게 대답한 다음에 서로 마주보고 웃었다.

⑤ 수원 화성 구경

아저씨는 미나와 나에게 수원 화성을 구경시켜 주시겠다고 하셨다. 하긴 지난봄 소풍 때는 김밥 먹고 노는 데 바빠서 정작 화성 구경은 제대로 못했다. 200년 전에 지어진 건축물을 설계자가 직접 구경시켜 주다니. 이건 정말 행운이다.

미나는 아직까지 아저씨가 정약용이라는 사실을 믿지 않는 것 같지만 어쨌든 우리를 따라 나섰다. 아저씨는 화성의 성곽을 바라보시면서 깊은 감회에 젖으시는 듯했다.

"화성은 정조 임금님께서 자신의 아버지인 사도세자를 위해 만든 성이야. 1794년에 공사를 시작하여 2년 9개월 만에 준공되었지. 거중기를 사용했기 때문에 공사 기간을 많이 단축할 수 있었어. 화성은 아마도 조선시대에 만들어진 성곽 중에 가장 과학적이고 우아하며 장엄한 건축물일 거다. 성곽 뒤로 보이는 저 산이 바로 팔달산이야. 팔달산을 중심으로 이 성곽이 지어졌어. 성곽의 전체 길이는 5.52킬로미터이고, 동쪽에 있는 문은 창룡문, 서쪽에 있는 문은 화서문, 남쪽에 있는 문은 팔달문, 북쪽에 있는 문은 장안문이다. 내가 오늘 살펴보니 화성을 지으면서 함께 지었던 행궁이나 중포사, 내포사, 사직단 등은 사라져 버렸구나. 전쟁이라도 일어났었던 게지?"

"네. 약 50년 전에 한반도가 남한과 북한으로 나뉘어져 전쟁을 했어요."

나는 안타까운 표정으로 대답했다.

"저런……!"

아저씨는 큰 충격을 받으신 듯 잠시 동안 말씀을 잇지 못하셨다. 우리는 천천히 걸어 북쪽에 나 있는 장안문으로 갔다.

"그래도 성의 골격은 대부분 원형 그대로 보존되어 있구나. 200

년의 세월이 무상하다."

지금까지 조용히 있던 미나가 내 귀에 대고 조용히 물었다.

"저 아저씨, 진짜 정약용 맞는 거니?"

나도 미나의 귀에 대고 대답해 주었다.

"믿기 싫음 말고!"

거대한 크기로 우뚝 선 장안문 앞으로는 자동차가 쌩쌩 달리고 있었다. 그래서 그런지 마치 서울의 숭례문을 보는 듯했다.

"장안문이 수원 화성의 북문이란다. 정문으로도 볼 수 있지. 수도인 한양에서 화성으로 들어오는 관문이기 때문이야. 화강석을 다듬어서 커다란 무지개 문을 만들었어. 저기 보이지?"

"네!"

나와 미나는 동시에 대답하였다.

"그럼 우리 성벽을 따라서 한번 걸어 볼까?"

우리는 성벽 안을 따라서 걷기 시작했다. 이렇게 걷고 있으니 마치 전쟁 중의 군인 같다. 당장이라도 적군이 성벽을 타고 넘어올 것만 같아서 나는 성벽 위쪽을 자꾸 쳐다보았다. 그런데 재미있는 사실은 성벽의 모양이 일정치 않다는 거다. 성벽은 구간별로 나눠져 있고 쌓여져 있는 돌들의 모양도 제각각 다르다.

걷다 보니 팔달문이 나왔다. 팔달문은 화성의 남문으로 도로 한복판에 아주 외로이 서 있었다.

"팔달문의 모습은 처음 지어졌을 때와 많이 달라졌더구나. 주변에 지었던 남서적대와 남동적대, 남공심돈과 남암문도 모두 사라져 버렸고 무엇보다도 주변 환경이 너무 시끄러워졌어. 팔달문이 제대로 버텨낼 수 있을지 모르겠구나."

아저씨의 표정에는 안타까움이 묻어났다. 나는 우리의 문화재를 제대로 지켜 내지 못한 후손으로서 매우 부끄러웠다.

다음으로 찾아간 곳은 방화수류정이라는 너무나도 아름다운 정자였다.

"여기서 잠시 쉬었다 가요!"

"그래. 그러자꾸나."

"정자가 너무 예뻐요. 특히 열십자 문양의 담은 꼭 꽃이 피어 난 것 같아요."

"그렇다. 하지만 이건 단순히 휴식을 목적으로 한 정자는 아니란다. 정자의 아랫부분을 보렴. 여기 방화수류정의 마루 밑에는 대포와 총구가 숨겨져 있단다. 언제든 적군이 쳐들어와도 대비할 수 있게 말이다."

"그렇군요!"

우리는 방화수류정에서 충분히 휴식을 취한 뒤, 봉수당으로 갔다. 아저씨의 설명에 의하면 봉수당은 임금님이 행차할 때마다 머무르는 화성의 중심 건물이란다.

"1795년 2월 13일, 이곳 봉수당에서는 정조 임금님의 어머니인 혜경궁 홍씨의 회갑연이 열렸단다. 아주 큰 행사였지. 이 행사의 처음과 끝을 낱낱이 기록하여 책을 펴냈는데 바로 '원행을묘정리의궤'라는 책이다. 책에는 행사의 주요 장면 등이 그림으로 그려져 있고 임금님과 혜경궁, 신하들이 먹은 음식의 메뉴와 음식 재료, 비용까지 상세히 적혀 있단다."

"우와 정말 대단해요!"

"아까도 말했듯이 수원 화성은 정조 임금님께서 아버지를 위해 지으신 건축물이다. 그래서 성곽 자체가 '효(孝)' 사상이라는 철학을 담고 있어. 대철아, 미나야! 너희들이 정조 임금님처럼 아버지를 위해 성곽을 쌓을 필요는 없다. 그저 건강하고 밝게 자라는 것이 효도의 지름길이라는 사실을 잊지 말거라."

"네!"

이번에도 미나와 나는 동시에 대답을 했다.

 수원 화성을 설계하신 다산 아저씨가 21세기에 수원 화성 복원 공사에 참여하게 되다니 정말 재미있죠? 마음씨 좋은 아저씨는 대철이에게 자신의 사상도 가르쳐 주시고 수원 화성 구경도 시켜 주신답니다.

실학의 발생 배경과 학파

 실학은 조선에서 17세기에 일어나 18세기를 거쳐 19세기 초반까지 일어났던 학풍이라고 했습니다. 그러한 실학이 일어난 배경에는 몇 가지가 있는데, 우선 임진왜란과 병자호란을 겪는 동안 백성들의 어려움을 보면서 실생활에 도움이 되지 않는 학문에 대해 반성하기 시작했습니다.

 다음으로 서양 학문의 전래입니다. 청나라를 통해 들어온 각종 서양의 문물을 통하여 새로운 학문에 눈을 뜨게 되었습니다. 또한 조선보다 앞섰던 청나라의 여러 문물을 보고 실학에 대한 염원을 키웠던 것입니다.

 또 중국의 양명학이나 고증학의 영향을 들 수 있습니다. 양명학은 명나라의 양수인이 창시한 학문으로 현실과 실천을 중시하는 유학입니다. 조선에서는 양명학을 금지하였기 때문에 드러낸 채 학문하는 사람은 적었지만, 실학자들을 비롯하여 그 영향을 받은 학자들은 많습니다. 그리고 고증학은 청대에 일어난 학문으로 경전 연구에 있어서 원래의 뜻을 찾고자 하는 학풍을 갖고 있습니다. 실학자 가운데서도 일정한 영향을 받았습니다.

끝으로 백성들의 생활을 외면하고 정치 투쟁에만 몰두하였던 집권층의 정치 행태와 그들이 추구한 학문을 비판하고, 백성들의 삶을 위해 개혁을 부르짖은, 정치 일선에서 소외되었던 학자들의 개혁 정신에서 실학이 출발하였습니다.

실학에 종사하였던 학자들이 힘썼던 분야는 우선 토지제도 및 행정 제도 상의 개혁과 농업 생산력 향상이었습니다.

다음으로 상공업과 무역의 장려 및 일반 기술의 발전을 주장했습니다. 보통 북학파라고 부르는 학자들이 여기에 속합니다.

끝으로 우리나라의 역사와 지리 및 언어 등과 경전의 참뜻과 금석의 고증을 연구한 분야입니다.

그런데 이러한 분류에 해당되는 학자들도 있고, 여러 곳에 골고루 해당되는 학자들도 있습니다. 다산의 경우는 모두에 해당됩니다.

성기호설

사람의 본성이 선한지 악한지에 대한 것은 동양철학에서 아주 오래된 주제였습니다. 유학자들은 맹자의 전통을 따라 인간은 모두 선하다고 보았습니다.

그런데 성리학에서는 불변하는 사람의 선한 본성은 날 때부터 정해져 있는 것이라고 봅니다. 그것이 저 유명한 '사람의 본성이 바로 하늘의 이치' 라는 '성즉리(性卽理)' 의 명제입니다. 다산 이전까지 대다수의 유학자들은 그렇게 믿고 있었습니다.

그러나 다산은 성즉리를 부정하고 인간의 본성은 무엇을 좋아하는 기호

(嗜好)에 불과하다고 합니다. 사람의 본성은 일종의 경향성과 같은 것입니다. 따라서 기호에는 자연히 정신적인 측면과 육체적인 측면으로 나누어집니다. 정신적인 측면은 영지(靈知)의 기호요, 육체적인 측면은 형구(形軀)의 기호입니다. 그러니까 영지의 기호는 선을 지향하는 도덕적인 인간의 성품이고 형구의 기호는 인간의 욕구를 지향하는 기질적인 성품을 이릅니다. 인간에게 이성적인 측면과 감성적인 측면이 있는 것과 같은데, 아마도 인간을 과학적으로 잘 관찰한 결과가 아닌가 생각됩니다.

따라서 기호에는 선악이 없으므로 사람의 본성이 미리 선하거나 악하게 결정되지도 않습니다. 육체와 관계된 기질의 성품도 그 자체가 악은 아닌 것입니다. 단지 그것이 악에 빠지기 쉬운 것뿐입니다.

그럼 선과 악은 어떻게 해서 생긴단 말인가요? 인간에게는 '자신의 행동을 스스로 결정할 권리', 즉 자주지권(自主之權)이 있는데 그 권리를 어떻게 사용하느냐에 따라 착하게도 되고 나쁘게도 된다고 합니다. 자주지권은 신학자들이 말하는 '자유의지'로 해석하는 학자들이 많습니다. 다산이 천주교와 일정한 관계를 맺었기 때문입니다.

수원 화성

수원 화성은 정조 임금이 자신의 아버지인 사도세자의 묘를 양주의 배봉산에서 수원의 화산으로 옮기면서 만든 성이에요. 현재의 화성은 1794년(정조 18)에 축성 공사를 시작하여 2년 9개월 만인 1796년에 준공되었습니다. 수원 화성은 정약용의 《성설》을 설계 지침으로 건설된 뛰어난 구조물이에요. 조선시대 성곽 중에서 가장 과학적으로 치밀하게 배치되면서도 우아하고 장엄한 면모를 갖춘 건축 유산이지요.

수원을 일컬어 흔히 효의 도시라고 부르는 이유는 뭘까요?

바로 지금의 수원이 탄생되는 배경에 정조의 효성이 한몫을 단단히 하기 때문이에요. 정조 임금은 자신의 아버지를 위해 수원 화성을 건설하였고, 그곳에서 어머니인 혜경궁 홍씨의 환갑잔치도 벌이지요.

다산 아저씨와 함께 이렇게 효의 정신이 깃든 수원 화성 구경을 한 미나는 결국 '아버지께 죄송해요'라며 자신의 행동을 반성합니다.

수원 화성은 1963년 1월 21일에 사적 제3호로 지정 관리되고 있으며, 1997년 12월 4일 21차 세계유엔총회에서 세계문화유산에 등록되어 세계적인 문화유산으로 인정받고 있어요.

여러분도 수원 화성에 방문하게 된다면 꼭 다산 아저씨를 기억해 주세요.

암행어사 납시오!

배고픈 백성을 먹여 살리는 일이 정치의 첫 번째 과제다.

– 정약용 –

21세기 서울 구경에 나선 다산 아저씨와 나. 경복궁에도 가고 서울역에도 가고 한옥마을에도 가고! 정말 재미있는 시간이었어. 그런데 아저씨는 200년 전이나 지금이나 백성들의 삶이 달라진 게 없다고 하셔. 정말일까?

21세기 서울 구경

수원 화성 복원 공사가 갑자기 중단되었다.

어젯밤 공사장에서 돌아오신 아빠와 다산 아저씨는 매우 씁쓸한 표정이셨다. 두 분 다 영문을 모르시는 듯했다. 그저 갑자기 공사 담당자가 내일부터는 공사장에 나오지 않아도 좋다고 했다는 거다.

사실 그동안 우리는 아빠가 그날그날 일하고 벌어 온 일당으로 생활을 했다. 그런데 갑자기 이렇게 공사가 중단되어 버리면 아빠와 나는 살길이 막막해지는 거다. 솔직히 이럴 땐 준형이가 부럽다. 돈 많은 준형이는 아무 걱정도 없을 테지!

다산 아저씨는 요즘 텔레비전에 푹 빠지셨다. 버튼 하나만 누르면 짠하고 사람들이 나와서 노래도 들려주고 연극도 하는 것이 엄청나게 신기한가 보다. 아저씨께서 즐겨 보시는 프로그램은 뭐니 뭐니 해도 사극이다. '영웅 이순신', '왕과 왕자들' 같은 드라마를 보시면서 아저씨는 입을 다물 줄 모르신다.

"너무나 신기하구나! 마치 내가 집으로 돌아와 있는 것 같아."

"허허, 그런데 저 부분은 고증이 잘못되었구나. 저런 모양의 한복은 입지 않는다고!"

아저씨는 칭찬도 하시고 잘못된 점은 지적도 하시면서 신나게 텔레비전을 보신다. 그런데 문제는 이게 너무 심하다는 거다. 공사가 중단된 이후로 집에서 놀게 된 아저씨는 그저 하루 종일 텔레비전만 보신다! 늦게 배운 도둑질 날 새는 줄 모른다고 아저씨는 화장실 가는 시간도 아까워하시면서 눈이 빠져라 텔레비전 앞에만 앉아 계신다.

"다시 집으로 돌아가면 이 텔레비전이란 게 없어서 좀 슬프겠구나."

아저씨는 이렇게까지 말씀하시는 거다. 어유.

나는 이러다가는 아저씨가 폐인이 될지도 모른다는 위기의식에

사로잡혀 결국 좋은 생각을 해냈다.

"아저씨! 텔레비전보다 더 재미난 것이 있어요! 우리 21세기의 한양을 구경하러 나가는 것이 어떨까요?"

아저씨의 눈이 반짝 빛났다. 미래로 온 뒤 아저씨는 집에 숨어 있거나 공사장에만 나갔던 것이 사실이라 제대로 서울을 구경할 시간이 없었던 거다.

우리는 당장 옷을 차려입고 밖으로 나왔다.

"조선에서는 먼 길을 갈 때 말을 타고 가곤 했는데 여기는 말 보다 더 빠른 게 있더구나."

버스를 말씀하시는 거다. 아저씨는 버스에 앉아서 자동차로 꽉 막힌 도로를 보며 눈을 끔벅이셨다.

"조선에서는 양반들이나 말을 탈 수 있었는데 여기는 모든 백성들이 전부 말을 가지고 있나 보구나!"

내가 첫 번째로 아저씨를 모시고 간 곳은 바로 경복궁이었다.

"아, 아니 여기는!"

입장권 두 장을 끊어서 궁 안으로 들어가려고 하니 아저씨께서 깜짝 놀라며 물으셨다.

"이곳에 아무나 들어갈 수 있단 말인가! 정말 세상이 많이 변했구나."

경회루 앞에서 아저씨는 이곳을 거닐던 정조 임금님을 그리워하셨고 근정전 앞에서는 눈물을 흘리며 끊임없이 '전하!'를 외쳐 지나가는 관람객들의 웃음을 샀다.

절대 안 나가겠다는 아저씨를 겨우 달래서 폐관 시간에 맞춰 경복궁을 빠져나온 우리는 두 번째로 서울역에 갔다. 경복궁에서 서울의 과거를 보았으니 이제 서울의 현재를 보아야 하지 않겠냐는 생각에서였다.

서울역사 안은 엄청난 인파로 붐볐다. 모두들 커다란 가방 하나씩을 들고 분주히 움직였다.

"여기서는 버스나 자동차보다 더 빠른 말을 탈 수 있어요! 요즘엔 서울에서 부산까지 두 시간 반이면 간답니다."

"헉, 그게 사실이냐. 조선에서는 아무리 부지런해도 열흘은 넘게 걸어야 한단다. 정말 200년 만에 세상은 너무 좋아졌구나."

아저씨와 나는 저녁으로 햄버거와 콜라를 사 먹었다.

"아이고, 이거 정말 너무 맛있구나! 그런데 김치는 없냐."

아저씨는 빵을 너무 좋아하신다. 요즘엔 밥보다 빵을 더 찾으시니……. 이제 누가 봐도 조선 사람으로는 안 볼 거다.

② 아저씨는 암행어사

　햄버거를 드시던 아저씨는 아까부터 창밖의 어떤 사람들을 눈여겨보고 계셨다. 서울역사 안에 우르르 앉아서, 혹은 누워서 텔레비전을 보고 있는 누추한 차림의 사람들. 바로 서울역에서 노숙을 하고 있는 노숙자들이었다. 그들은 여행 가방도 들지 않았고 기차를 타기 위해서 서울역에 온 사람들도 아니었다. 그저 갈 곳이 없어서 추위를 이기기 위해 서울역으로 모여든 사람들이었다.
　내가 그들이 어떤 사람들인지 이야기해 드리자 아저씨는 도무지 이해하지 못하겠다는 표정으로 반문하셨다.

"아니, 그게 말이 되느냐? 이렇게 살기 좋은 세상에 집이 없어서 역에서 노숙을 한다니. 나라는 대체 무엇을 하고 있단 말이냐?"

"아저씨. 세상이 좋아졌다고 해서 모두다 부자가 될 수 있는 건 아니에요. 담임선생님이 그러셨는데 요즘엔 빈부 격차가 더욱 심해졌대요. IMF로 직장을 잃거나 가난해진 사람들이 많거든요."

"어허, 그럼 이 나라의 임금님, 그러니까 대통령은 무엇을 하고 있다는 말이냐?"

"저도 잘 모르겠어요, 아유."

정말 모르겠다. 내가 아는 건 텔레비전에 나오는 국회의원 아저씨들이 만날 국회에서 싸움만 하고 있다는 거다. 나는 또다시 아저씨의 이야기가 듣고 싶어졌다.

"아저씨, 전에 암행어사였다고 하셨죠?"

"허허, 그래. 기억하는구나."

"그때 이야기를 좀 해 주세요. 어쩐지 흥미진진할 것 같아요."

아저씨는 옛 기억을 더듬는 듯, 까마득한 눈빛으로 이야기를 시작하셨다.

내가 암행어사가 된 것은 서른세 살 되던 1794년 10월이었다. 정조 임금님의 은밀한 명에 의해서였지. 정조 임금님은 백성들의 생활을 직접 살펴 민정을 알고 백성을 다스리라는 뜻에서 나를 암행어사로 보내셨던 거야.

전에도 말했듯이 내가 맡은 지역은 적성, 마전, 연천, 삭녕으로 가난한 백성들이 많이 살고 있는 지역이었어. 나는 은밀히 고을을 암행하면서 백성들이 어떤 생활을 하고 있는지 목격했단다.

사실 나는 양반으로 태어나 별다른 고생을 하지 않고 자랐어. 오로지 학문에만 힘쓰면 되었지. 그런데 백성들이 사는 모습을 보니 정말이지 참혹하기 이를 데 없더구나. 백성들은 그날그날의 끼니를 걱정해야 할 정도로 가난했어. 그런데 이런 백성들의 가난을 부채질 하는 것이 있었으니 바로 수령과 아전들의 착취였다. 수령과 아전들은 이런 저런 이유로 백성들에게 많은 세금을 내게 해서 이익을 취하고 있었지.

어마어마한 세금을 내느라 집도 잃고 땅도 잃은 백성들은 결국 고향을 떠나기도 했어. 굶어 죽는 자식을 눈앞에 두고도 아무것도 할 수 없어 발만 동동 구르는 백성도 보았다. 정말 가슴 아픈 일이었지.

나는 백성들을 괴롭히는 벼슬아치들, 즉 탐관오리들을 도저히 용서할 수 없었다. 나는 그들을 크게 벌주었어. 1794년 연천 지방을 암행할 때, 굶주리는 백성들의 처참한 모습을 보며 쓴 시가 있다. 한번 들어 보겠니?

'희희낙락 즐겁게도 태평세월 같은 모습이며, 높으신 분 그 모습은 우람하고 풍성하다. 간사한 인간들은 거짓말만 꾸며 대고, 교활한 양반들은 걱정이라며 하는 말이, 오곡이 풍성하여 흙더미처럼 쌓였는데, 농사에 게으른 자들이 스스로 굶주린다고 하네.'

백성들을 착취하면서 자신들은 희희낙락 즐겁게 지내고, 백성들이 굶주리는 까닭은 모두 그들의 게으름 때문이라고 말하는 양반들에 대해 읊은 시란다.

그런데 놀랍게도 200년 뒤의 세상 역시 달라진 것이 없구나. 나는 텔레비전이나 엄청나게 빠른 말 같은 것만 보고 세상이 좋아진 줄로만 알았다.

마음이 아프구나. 21세기의 대한민국도, 내가 살고 있는 조선도 큰 개혁이 필요할 듯싶구나.

아저씨의 말을 모두 듣고 나서 나는 부끄러움을 느꼈다. 사실 텔레비전이나 컴퓨터 같은 최신식 기계에 대해 전혀 모르는 아저씨한테 약간의 우월감도 느꼈었다. 그런데 200년 전의 세상이나 지

금이나 우리들의 삶은 달라진 것이 없다니. 비싸고 편리한 기계가 국민 모두를 행복하게 해 주는 것은 아니라는 것을 난 깨달았다.

"내가 곡산 부사로 있던 시절의 이야기도 해 주마."

"네!"

내가 곡산 고을의 부사로 부임하기 전에 곡산 고을에 큰 사건이 발생했단다. 조선에서는 군대를 가지 않는 대신 베를 세금으로 내야 했는데, 상황에 따라서는 그것을 돈으로 내기도 했다. 그런데 200냥을 걷어야 할 것을 아전들이 터무니없이 과도하게 900냥을 거두어서 백성들의 원성이 자자했던 거야. 결국 고을 백성 1,000여 명은 관아로 몰려가서 '곡산 부사는 물러가라!' 외치며 데모를 했지. 데모를 한 백성들의 우두머리는 바로 이계심이라는 자였단다. 이계심은 곡산 부사의 권위에도 굽히지 않고 백성들을 대변해 당당히 자신의 주장을 펼쳤단다. 관아에서 체포하려 들자 백성들이 항의를 하며 몸으로 막아 주었다. 결국 이계심은 도망을 쳤고 관아에서는 그를 잡으려고 수사망을 좁혔으나 끝내 잡히지 않았다.

그러고 나서 내가 곡산 고을에 부사로 부임한 것이다. 나에게는 이 사건을 처리할 임무가 주어졌고, 고위층의 누군가는 나에게 데모의 주동자를 잡아서 죽이라고 명령했단다.

곡산으로 부임하는 나의 행차가 비로소 곡산 경내로 들어섰을 때, 나는 길가에 엎드려 있는 한 백성을 보게 되었다. 그가 바로 이계심이었어. 이계심은 백성을 병들게 하는 열두 가지 조항을 적은 글을 나에게 보여 주었다. 아전들은 이계심을 끌고 가겠다고 했으나 나는 그러지 못하게 했다. 제 발로 찾아온 사람이 도망을 치겠느냐는 생각에서였지.

그리고 나는 따로 이계심을 관아로 불러 벌을 내리기는커녕 격려를 하고 그가 무죄임을 입증해 주었다. 나는 그에게 말을 했지.

"수령이 현명하지 못한 이유는 백성들이 몸을 사려 수령에게 대들지 않기 때문이다. 형벌이나 죽음을 두려워하지 않고 백성들의 억울함을 풀어 주려 했으니 너와 같은 사람은 관아에서 마땅히 천 냥이라도 주고 사야 한다."

이야기를 모두 들은 나는 이계심의 행동을 높이 평가한 아저씨의 모습에 크게 감탄했다. 아저씨는 역시 보통 분이 아니시다. 나는 어쩐지 아저씨를 더욱 좋아하게 될 것만 같다.

③ 타임캡슐

  마지막으로 아저씨와 간 곳은 충무로에 있는 남산골 한옥마을이
었다. 바로 서울의 미래를 보기 위해서다. 한옥마을에서 어떻게
서울의 미래를 보느냐고?

  흐흐. 아저씨도 똑같은 질문을 하셨드랬지.

  한옥마을에는 바로 타임캡슐이 묻혀 있다 이거야! 1994년은 서
울이 우리나라의 수도가 된 지 600년 되던 해였고 그것을 기념해
서 서울시에서는 한옥마을에 600여 개의 물건을 넣은 타임캡슐을

묻었다. 그리고 그 타임캡슐은 400년 뒤인 2394년, 그러니까 서울이 수도가 된 지 1,000년 되는 해에 개봉하기로 되어 있다.

한옥마을의 한가운데 묻혀 있는 타임캡슐을 가리키며 내가 자세히 설명을 해 드리자 아저씨는 나보다 더 신기해하시면서 물으셨다.

"그럼 이 타임캡슐 속에는 무엇이 들어 있니?"

"네. 400년 뒤의 후손들이 현재 우리들의 모습을 알 수 있도록 옷, 접시 등의 의식주에 관련된 물건들과 그 밖에 신문, 약, 식물 씨앗, 풍경 사진 등이 들어 있대요."

"오, 정말 훌륭하구나. 그럼 후손들은 과거의 사람들이 어떻게 살았는지 쉽게 알 수 있겠구나."

그러다가 나는 갑자기 아쉬운 생각에 시무룩해졌다.

"400년 뒤는 너무 까마득해요. 이 타임캡슐을 개봉할 때 저는 이미 이 세상 사람이 아니잖아요. 개봉하는 거 보고픈데……."

아저씨는 웃으셨다.

"하하하. 네가 400살까지 살지 않는 이상 볼 수는 없지. 그럼 이건 어떨까?"

"뭐요?"

"내가 조선으로 돌아가면 너를 위해 타임캡슐을 묻어 두겠다. 그럼 네가 꺼내 보면 되지 않겠니? 비록 200년밖에 안 되는 타임캡슐이겠지만 말이다."

으악, 정말 신나겠다! 하지만 그런 일은 있어서는 안 돼! 난 아저씨를 절대로 조선시대로 돌려보내지 않을 테니까! 하지만 내 마음과 상관없이 아저씨는 어디에 타임캡슐을 묻을지 가늠하고 계셨다.

"그래! 여기가 좋겠다. 이 소나무는 족히 500년은 되어 보이는구나. 1800년에도 이 소나무는 여기에 서 있겠지. 조선으로 돌아가서 바로 이 소나무 밑에 묻어 놓으마. 내가 떠난 뒤 파 보거라. 알겠니?"

아저씨가 가리킨 소나무는 한옥마을의 구석에 단단히 박혀 있는 정말 늙은 고목이었다. 나는 어른들이 말하는 '쓸쓸하다'라는 말의 의미를 이제 알 것도 같았다. 아저씨와 새끼손가락을 걸면서 그리고 아저씨의 환한 미소를 보면서 나는 홀로 서 있는 늙은 고목처럼 정말이지 너무 쓸쓸해졌다.

④ 인력시장에 가다

아빠는 오늘도 아무 일도 구하지 못하고 집으로 돌아오셨다. 화성 복원 공사가 중단된 지 일주일째니까 아빠는 일주일째 전혀 돈을 못 벌고 계신 거였다. 식탁 위에서는 금방이라도 메뚜기나 여치가 폴짝 뛰어오를 것만 같다. 나야 괜찮지만 양반인 아저씨는 이런 반찬에 적응을 못하실 텐데.

그렇지만 아저씨는 김치 하나로도 밥 한 공기를 뚝딱 하신다. 정말이지 근검절약이 몸에 밴 훌륭한 양반 아저씨가 아닐 수 없다.

"정말 이상하오. 자네처럼 기술이 좋은데도 일자리를 구하기가 힘들다니."

아저씨는 고개를 갸우뚱하며 아빠한테 말씀하신다. 아저씨는 21세기 세상 물정을 몰라서 그런다. 요즘 일자리 구하기가 얼마나 힘든데! 똑똑하고 젊은 형들도 대학을 졸업하고도 일자리를 못 구해서 쩔쩔맨다고 하던데.

"내일 새벽에는 나도 함께 나가서 일자리를 찾아보겠소."

아저씨는 비장한 결심을 하신 듯한 표정이다. 하지만 난 그것은 불가능한 일이라고 본다. 세상 물정 모르는 아저씨에게 일자리를 줄 사람은 아무도 없을 거라고!

어찌됐든 다음 날 새벽, 아저씨와 아빠는 일찌감치 인력시장에 나갈 준비를 하셨다. 학교에 가지 않는 토요일이니 나도 따라나서야지.

인력시장은 말 그대로 사람, 즉 일꾼을 사고파는 시장이다. 새벽부터 인력시장에는 일을 하고자 하는 사람들로 엄청나게 붐빈다. 그렇지만 일꾼들을 데려가는 사람들은 극히 적다. 그러니 인력시장에 나가도 일을 못 구하고 허탕치는 사람들이 더 많은 거다.

"김씨, 오늘도 허탕이야?"

"응. 오늘은 새벽 세 시부터 나왔는데도 일거리가 하나도 없어."

여기저기서 사람들의 한탄 섞인 목소리가 들려왔다. 시간이 흐를수록 아빠와 다산 아저씨의 표정도 어두워졌다.

"형님, 오늘도 역시나네요. 그냥 수원 화성 공사가 다시 시작되기를 바라는 수밖에 없겠어요."

"흠……"

"그래도 나는 상황이 나은 겁니다. 일주일 전까지만 해도 일을 했으니까요. 저기, 저 청년 보이시죠? 저 청년은 철학대학교를 나왔어요. 그런데도 일 년째 취직을 못해서 요즘 매일 인력시장에 나오는데, 몸이 약해 보여서 아무도 쓰려고 하질 않아요."

나는 아빠가 가리키는 청년아저씨를 보았다. 뿔테 안경을 쓴 꽤나 똑똑해 보이는 형이었다. 한참이나 사람들과 아빠의 한탄을 묵묵히 듣고 있던 아저씨가 입을 여셨다.

"나는 도무지 이해할 수 없습니다. 이런 상황은……. 정말 말도 안 됩니다."

아빠도 입맛을 쩝 다시며 대답하셨다.

"말도 안 되지요. 하지만 어쩔 수 있나요."

"개혁해야지요! 이 사회를 갈아엎어야지요!"

아저씨께서 너무나도 강하고 큰 목소리로 말해서 나는 깜짝 놀랐다. 개혁……? 전에 아저씨께서 내게 실학사상에 대해 설명해 주셨을 때도 개혁이란 말을 사용하셨던 것 같다. 그러고 보니 백성들이 굶어 죽어 가고 있을 때 실학사상이 등장했다고 했지? 지금의 모습도 어쩐지 조선 후기의 모습과 비슷한 것 같다.

그렇다면 다산 아저씨는 어려움에 처한 21세기의 대한민국을 개혁하기 위해 미래로 오신 걸까? 마치 조선 후기에 혜성과도 같은 실학사상이 등장했던 것처럼?

한참을 기다렸지만 아빠와 아저씨는 일자리를 얻지 못했다. 우리 셋은 시무룩한 표정으로 집으로 돌아와서 다시금 메뚜기가 뛰어오를 것만 같은 식탁에 둘러 앉아 밥을 먹었다.

다산 경학의 의의와 개혁성

유학자는 누구나 유교 경전을 이해할 때 누군가의 해석을 통합니다. 자신의 학문적 경지가 깊으면 자신이 직접 해석하기도 하고요.

그러나 조선조 유학은 대부분 송나라 때 주자(이름은 주희)가 해석한 것을 바탕으로 하였습니다. 그래서 과거 시험의 교과서도 바로 주자가 해석한 경전입니다. 특히 조선 후기에 오면 집권층은 주자학을 지나치게 존숭한 나머지 주자의 해석에 대해 다른 해석을 내놓으면 '사문난적'이라 하여 살아갈 수 없도록 사상적 테러를 감행하고 죽이기까지 하였습니다. 마치 오늘날의 국가보안법 위반과 비슷하다고 보면 됩니다.

그래서 우리는 다산이 경전에 대한 주석과 해석을 함에 있어서 어떤 태도로 임했는지 확인할 필요가 있습니다. 한마디로 다산은 경전에서, 공자나 맹자가 살았던 시대에 있었던 사실과 사상을 온전히 드러내고자 하였습니다. 즉 유학의 근본정신을 찾고자 한 것입니다. 어떠한 사상을 염두에 두고, 경전 해석을 거기에 맞추고자 하는 의도는 전혀 없었습니다. 경전이 전래되면서 온갖 미신이 들어가고 송나라 때의 철학적 사상이 첨가되어, 공자나 맹자가 말한 원래의 뜻이 왜곡되었다고 보았기 때문입니다.

경전에 대한 이러한 태도는 가히 혁명적이라 말할 수 있습니다. 주자학에 대한 거부이기 때문입니다. 주자학에 대한 거부는 이전의 조선 사회제도나

이념에 대하여 개혁이 필요함을 철학적으로 주장하는 셈이 됩니다.

그러면 이렇게 이전의 철학이나 학풍에 대항해서 새로운 경전 해석을 시도한 이유는 무엇일까요? 그것은 다름 아닌 중국의 전설적인 성군인 요·순 임금이나 주공·공자의 세계가 바로 자신이 추구하는 것이라는 점입니다. 그와 같이 지금의 임금으로 하여금 이들과 같이 되게 하여 이상 세계를 건설하는 것이 바로 그가 추구하는 경학의 도착점입니다.

그런데 그가 요·순 시대의 정신을 회복한다고 해서 역사의 시계 바늘을 그 시대로 바꿀 수는 없는 것입니다. 실제로는 이전의 학문적 태도를 비판하고 새로운 학문에서 개혁을 시도하는 것이라 이해하면 되겠습니다. 마치 기독교에서 '예수의 본래 모습으로 되돌아가자'라고 하는 것이 기독교 발전의 후퇴가 아니라 새로운 개혁을 위한 표어라는 것과 같은 맥락으로 이해하면 되겠습니다.

약속을 안 지키는
국회의원들은 물러가라!

청렴하다는 것은 천하의 큰 장사다.

– 정약용 –

수원 화성 복원 공사가 다시 시작됐어. 그런데 뭔가 수상해. 일꾼들이 반으로 줄었다지 뭐야? 결국 사건의 진실을 밝혀낸 다산 아저씨! 국회의원들을 상대로 맞서 싸우려 하는데…….

다시 시작된 수원 화성 공사

다음 날, 수원 화성 공사가 다시 시작됐다는 연락이 왔다. 아빠와 다산 아저씨는 들떠서 대청소를 한다 빨래를 한다 야단이셨다.

"내일부터는 바빠질 테니 오늘 미리 청소를 해 두자고요!"

"빨래도 밀렸다오! 내가 하지요!"

세탁기 사용법을 익힌 아저씨는 이제는 기계가 별로 신기하지도 않은지 무덤덤하게 빨랫감을 챙겼다. 하긴 아저씨가 미래로 온 지 벌써 한 달째니.

나는 하루하루 지날수록 조바심만 자꾸 났다. 아저씨를 보내지 않을 방법에 대해 생각하느라 머리에 쥐가 날 것 같다.

"아니, 뭐라고요? 대체 이유가 뭡니까? 그럼 저는 어쩌라고요!"

그때 걸려 온 전화를 받던 아빠의 목소리가 점점 커졌다. 아무래도 무슨 일이 생긴 것이 분명했다.

전화를 끊은 아빠는 우리를 불러 앉혔다.

"나는 오지 말고 형님만 일하러 나오시라는구나. 어찌된 영문인지는 모르겠지만 일꾼들을 반으로 줄였단다."

"네에!? 그런 게 어디 있어요!"

나와 아저씨는 깜짝 놀라서 소리쳤다. 아빠는 내일부터 다시 공사장에 나간다고 좋아하셨는데…….

"그럴 리 없어요! 일꾼을 줄여서는 안 되는 공사입니다. 그럼 공사 기간 내에 공사를 끝내지도 못할 뿐만 아니라 공사비도 오히려 늘어난다고요! 뭔가 잘못된 게 틀림없습니다. 제가 내일 가서 상황을 알아보지요."

아저씨는 아빠를 위로했다. 그리고 다음 날, 상황을 알아보기 위해 수원 화성 공사장에 다녀왔다. 아저씨의 얼굴은 붉게 상기되어 있었다.

"무슨 일이었어요?"

나는 다급하게 물었다.

"정말 화가 나는구나. 가 보니 정말 일꾼들이 반으로 줄어 있었다. 그런데도 공사 기일은 그대로 맞춰야 한다더구나. 내가 그것은 불가능한 일이라고 했더니 복원할 열 군데 중 몇 군데는 대충 겉모습만 그럴듯하게 하면 된다면서 나한테 공사비를 어떻게 하면 줄일 수 있을지 의논하더구나."

"그럴듯하게라니요?"

아빠 역시 화가 난 목소리로 물었다.

"기초를 탄탄하게 하려면 비용이 많이 드니 아예 하지 말고 겉모습만 대충 그럴싸하게 꾸며 놓자는 거다. 그러니까 부실 공사를 하자는 거지. 내가 이유를 물었더니 얼버무리다가 결국 대답해 주더구나. 국회 예산심의에서 공사비가 깎였다고……."

말도 안 돼. 어떻게 그런 일이 있을 수가!

"게다가 일꾼들의 임금도 반으로 줄었다. 이럴 수가 있느냐?"

"형님, 어떻게 하실 겁니까? 이대로 공사를 진행하실 겁니까?"

아빠는 흥분된 목소리로 물으셨다. 다산 아저씨 역시 비장한 목소리로 대답하셨다.

"그럴 수는 없지요! 이것이 어떤 공사인데! 내일부터 나는 일꾼들을 모아 국회의원들을 상대로 싸울 작정입니다."

"형님! 저도 돕겠습니다."

"아저씨! 저도 도울래요!"

우리 셋은 손을 마주 잡았다.

"그래! 우리 셋이 힘을 합쳐서 국회의원들의 횡포를 막아 보자꾸나."

② 맞서 싸우자!

다음 날, 나는 아저씨와 함께 수원 화성 복원 공사장으로 갔다. 그런 일이 있었는데도 다른 일꾼 아저씨들은 여느 때와 다름없이 공사를 진행하고 계셨다.

우선 아저씨는 공사 담당자를 만나 보았다.

"절대 그렇게 공사를 할 수는 없습니다. 그럼 복원 공사의 의미가 사라진다고요! 국회의원들을 상대로 싸워야 합니다."

아저씨가 이렇게 말하자 담당자의 얼굴이 새파래졌다.

"허허. 아니 이 사람이 그걸 말이라고 하는가? 그 분들이 어떤 분들인데 거참!"

나도 아저씨를 거들었다.

"그 국회의원 아저씨들이 분명히 잘못한 거잖아요! 그렇게 공사를 하면 수원 화성은 더 훼손되고 말 거예요!"

"그렇다면 일꾼들의 임금이라도 원래대로 주십시오! 반으로 줄인 것은 너무합니다!"

담당자 아저씨는 듣기도 싫다는 듯이 손을 내저었다.

"허허, 됐네! 일하기 싫으면 자네도 그만두게! 실력이 있는 것 같아서 안 자르고 뒀더니 고마운 줄도 모르고!"

우리는 할수없이 사무실을 나와야 했다. 그러나 아저씨는 조금도 물러설 기색이 아니셨다.

"일꾼들에게 이 사실을 이야기해서 다 같이 시위라도 해야겠다. 모두 동참해 줄 거다."

"시위를 하게 되면 신문이나 뉴스에도 나올 거예요. 그럼 더 많은 사람들이 참여하게 될 거고요!"

밖으로 나와 보니 무슨 행사라도 벌어진 듯했다. 화성 성곽 근처에 사람들이 우글우글 몰려 있었다.

"어서 가 보자!"

"네!"

몰려 있는 사람들은 다름 아닌 국회의원 아저씨들과 텔레비전 뉴스 기자 아저씨들이었다.

국회의원 아저씨들은 반짝반짝 터지는 카메라 플래시를 맞으며 신나게 거들먹거리고 있었다.

"저는 여기 수원 화성 복원 공사에 아낌없이 예산을 투자하고 있습니다. 모두 소중한 우리 문화유산을 지켜 내겠다는 제 소신이고 지난 선거 때의 공약이기도 했지요."

"기자 여러분들도 여기 와 보셔서 알겠지만 대단히 성공적으로 복원이 이루어지고 있습니다. 그러니 다음 선거를 위해 제 기사를 잘 좀 써 주십시오들. 에헴!"

으아! 정말 복장 터진다! 어쩜 저렇게 뻔뻔스러울까?

성격 좋은 우리 다산 아저씨도 얼굴이 붉으락푸르락 하신다. 그때 우리는 미나 아버지인 최씨 아저씨를 발견했다.

"최씨! 우리 힘을 합쳐 보세! 글쎄 저 국회의원들이 말이야. 사실은……."

"이미 모두 알고 있습니다. 다른 일꾼들도요. 그렇지만 어쩔 수 있나요. 우리같이 힘없는 일꾼들이."

"싸워야지! 이렇게 얼렁뚱땅 공사를 할 수는 없지 않은가? 그것도 반밖에 안 되는 임금을 받으면서!"

"저에게는 가족이 있습니다. 저는 가족을 위해 적은 돈이라도 벌어야 해요. 그들과 싸울 수는 없습니다. 다른 일꾼들의 생각도 마찬가지고요."

나와 아저씨는 힘이 빠졌다. 어느 새 우리 주변으로 일꾼 아저씨들이 하나둘 모여들기 시작했다.

"나도 같이 싸워 주고 싶지만 미안하네."

"사실 우리가 국회의원들을 상대로 싸운다는 게 말이 되나? 어림도 없지!"

"자네도 그냥 열심히 일이나 해서 돈이나 벌게. 그런 일은 벌일 생각도 말고!"

일꾼 아저씨들의 의견은 하나같이 똑같았다.

나는 예전에 다산 아저씨께서 이야기해 준 곡산 부사 시절의 이계심이 생각났다. 아저씨께서 왜 이계심의 행동을 높이 평가했었는지 이제 알 것 같다.

높은 벼슬아치들로부터 착취를 당하면서도 그것을 바로잡기 위해 먼저 나서는 일이 얼마나 힘들고 어려운 일인지 알게 되었기 때문이다.

아저씨도 지금 이 순간 이계심을 생각하고 있는지 모른다. 정약용 아저씨 자신이 이제 이계심이 되어 앞장서 싸워야 한다고.

❸ 감동적인 연설

　이제 아저씨들은 다산 아저씨와 내 주변으로 모두 모였다. 다들 말로는 싸우지 못한다고 말하고 있지만 마음속으로는 누구보다 간절히 원하고 계실 거다.

　다산 아저씨는 일꾼 아저씨들을 하나하나 바라보며 천천히 입을 떼셨다.

　"여러분들! 혹시 공사를 하시면서 성곽 벽돌 또는 건축물 하나 하나에 이름이 새겨져 있는 것을 보셨습니까?"

일꾼 아저씨들은 '봤지, 보고말고'라며 맞장구치셨다.

"그것이 무엇인지 아십니까? 바로 공사 실명제를 실천한 증거입니다. 수원 화성을 처음 건축한 일꾼들은 자신이 맡은 구역의 공사를 최선을 다해 끝낸 다음 거기에 자신의 이름을 새겨 넣었습니다. 그랬으니 자신이 쌓아 올린 성곽이나 정자, 돌문에 대한 자부심이 대단했지요. 그때의 일꾼들은 스스로를 매우 자랑스러워했습니다. 자신의 이름을 걸고 하는 공사니 절대 부실 공사가 되지 않게 하려고 정말 최선을 다해 일을 했지요."

일꾼 아저씨들은 아저씨의 말을 들으며 고개를 푹 숙였다.

"그런데 그렇게도 아름다운 일꾼들의 정성이 담긴 이 수원 화성을 200년이 지난 이제 와서 훼손시키겠다니요? 그것도 우리 손으로 말입니다. 미래의 후손들이 우리를 어떻게 생각할까요? 훗날 그들에게 부끄럽지 않겠습니까?"

여기저기서 '옳소!' 하는 소리가 들려왔다.

"또한 우리는 부당한 대우에 맞서 싸워야 합니다. 우리는 절반의 임금을 받으며 일할 이유가 없습니다. 조선시대 때는 나라에서 공사를 할 때 한 푼도 안 주고 백성들을 강제로 동원할 수도 있었으나 이 수원 화성을 세우신 정조 임금님께서는 단 한 명의 백성도 그렇게 동원하지 않았습니다. 오로지 정당한 임금을 받고 일을 하는 왕실 소속 일꾼들만을 써서 화성을 지어 올렸지요. 그 증거는 수원 화성 공사 보고서인 '화성성역의궤'에 남아 있습니다. 화성성역의궤를 보면 아무개가 어느 현장에서 며칠간 어떤 일을 하였으며 일당은 얼마를 받았는지까지 상세히 적혀 있습니다. 우리는 이처럼 정당한 대우를 받으며 일을 해야 합니다. 그래야지 수원 화성의 정신을 그대로 살릴 수 있으며 성공적으로 복원 공사를 끝낼 수 있습니다. 우리 후손들에게 부끄럽지 않은 떳떳한 모습으로 남고 싶지 않습니까?"

아저씨께서 이야기를 끝내자 일꾼들은 누가 먼저랄 것도 없이 박수를 치기 시작했다.

"내가 미나에게 부끄러운 짓을 할 뻔했구나."

최씨 아저씨는 아까 자신의 행동을 후회하셨다.

"나도 싸우겠어!"

"나도! 우리 어서 다 같이 가자고! 국회의원들의 잘못을 낱낱이 기자들에게 고하겠어!"

"좋아! 어서 가자고!"

국회의원 아저씨들의 최후

백여 명의 일꾼 아저씨들은 다 같이 손을 마주 잡고 국회의원 아저씨들의 인터뷰 장소로 몰려갔다. 일꾼들이 한꺼번에 몰려오자 기자들도 이상하게 생각했는지 일꾼 아저씨들을 향해 플래시를 터뜨리며 사진을 찍어 댔다.

"하하. 일꾼들이 수원 화성 복원 공사를 해 줘서 고맙다고 나한테 인사를 하러 왔나 봅니다."

국회의원 아저씨가 잘못 알고 엉뚱한 소리를 했다.

"우리는 당신네 국회의원들의 잘못을 고발하러 왔어!"

"국민의 세금으로 월급을 받는 국회의원이 어찌 일꾼들의 임금을 깎으면서까지 부실 공사를 하게 한단 말이오? 그게 다 당리당략 때문에 예산을 삭감하기 위해서가 아니고 뭐요?"

"나쁜 놈들! 물러가라!"

일꾼 아저씨들은 저마다 국회의원 아저씨들에게 물러가라고 소리치며 아우성이었다. 기자들도 특종을 잡았다고 생각했는지 신이 나서 사진을 찍어 대고 수첩에 무언가를 적기 시작했다. 그때 다산 아저씨가 앞으로 나섰다.

"내가 이들의 주동자 다산이오. 우리는 공사를 더 이상 하지 않기로 했습니다."

기자들은 질문을 쏟아 냈다.

"그 이유는 뭡니까?"

"수원 화성의 복원을 반대하기라도 하는 겁니까?"

아저씨는 다시 입을 여셨다.

"그게 아닙니다. 바로 저기 있는 국회의원들의 횡포 때문입니다."

아저씨께서 이렇게 말씀하시자 국회의원 아저씨들은 얼굴이 새파랗게 질렸다.

"저기 있는 국회의원들은 화성 복원 공사를 선거 공약으로 내세워 국민들의 지지를 받고 얼마간 공사를 하는 척하다가 당리당략으로 예산의 반을 삭감하려고 합니다. 따라서 공사비가 부족해지자 일꾼들을 반으로 줄였고 일꾼들의 임금도 반으로 줄였습니다. 또한 일꾼들에게 부실 공사를 명령하기도 하였습니다. 우리는 절반의 임금만 받은 채로 도저히 이런 부실 공사를 할 수 없습니다!"

"그것이 사실입니까?"

"그렇습니다. 이 사실을 세상에 널리 알려 주세요."

그러자 국회의원 아저씨들은 식은땀을 뻘뻘 흘리며 몸을 부들부들 떨기 시작하였다.

"아, 그건 말입니다. 그럴만한 사정이 있어서……."

"그건 핑계입니다. 완전히 자기 당의 이익을 위해서입니다."

그러나 아무도 국회의원 아저씨들의 말을 믿지 않는 듯했다.

"국회의원들에게 묻겠소. 국회의원들은 국민들을 위해 있는 것이오, 국민이 국회의원들을 위해 생긴 것이오?"

아저씨의 물음에 국회의원 아저씨들은 우물쭈물 할 뿐 대답하지 못했다. 그러자 아저씨는 말을 계속 이어 나갔다.

"국회의원들은 당연히 국민들을 위해 있는 것입니다. 옛날 목민관(벼슬아치)들에게 요구되는 덕목으로는 율기, 봉공, 애민 이렇게 세 가지가 있었습니다. 율기란 백성을 다스리기 전에 우선 자기 자신을 다스리는 것, 봉공은 나라와 사회를 위하여 힘써 일하는 것, 애민은 백성을 사랑하는 것을 말합니다. 당신들은 그중 하나라도 제대로 갖추었습니까? 목민관에게 가장 중요한 것은 바로 민(民)을 근본으로 여기는 자세 또는 민(民)에 대한 애정입니다. 즉 목민관에게는 첫째도 백성, 둘째도 백성이어야 한다는 뜻입니다. 국회의원도 마찬가지입니다. 국회의원 역시 첫째도 국민, 둘째도 국민, 셋째도 오로지 국민이어야 합니다. 단 한 명의 국민을 위해서라도 국회의원들은 바뀌어야 합니다. 바뀌지 않으면 국민의 힘으로 추방해야 합니다. 그것이 진정한 민주주의지요! 국민에 대한 약속을 무시하고 자신의 정치적 이익만 챙기려는 당신들 같은 국회의원은 국민의 힘으로 몰아내야 합니다."

다산 아저씨가 이렇게 말하자 일꾼들은 하나 되어 '옳소! 옳소!'를 외쳤다. 어느 새 국회의원 아저씨들은 뒷걸음질로 도망쳐서 사라져 버리고 말았다.

다음 날, 각 신문의 1면에 이 사건이 일제히 실렸다. 다산 아저씨의 당당한 모습과 그 앞에서 쩔쩔매고 있는 국회의원 아저씨들의 모습이 찍힌 사진도 함께.

국회의원 아저씨들은 공약을 지키겠다고 대국민사과를 하고 예산삭감 계획을 취소하기로 했으나 국민들의 강한 비난이 끊이지 않았다. 수원 화성 복원 공사는 다시 정상적으로 재개되었으며 우리 아빠도 일자리를 되찾을 수 있었다. 국민이 가장 중요하다며 감동적인 연설을 한 다산 아저씨도 일약 국민들의 스타로 떠올랐으나 아저씨는 그저 묵묵히 수원 화성 공사에만 열중할 뿐이었다. 정조 임금님께서 아저씨를 데리러 오겠다는 날도 이제 2주일 앞으로 다가왔다.

나는 점점 초조해지는 마음을 억누르며 늘 아저씨 손을 꼭 붙잡고 다녔다.

민이 근본

'배고픈 백성을 먹여 살리는 일이 정치의 첫 번째 과제다'라는 명언을 남긴 정약용.

다산 정약용 사상의 기본에는 민(民)을 근본으로 여기는 자세 또는 민에 대한 애정이 깔려 있습니다. 정약용은 정조 임금님의 명을 받아 암행어사로 활동했습니다. 암행어사란 조선시대 왕명을 받아 비밀리에 지방을 순행하면서, 백성을 괴롭히고 나라를 잘못되게 하는 정치를 규명하고 민정을 살피던 사람을 말합니다.

다음은 정약용이 지은 '애절양(哀絶陽)'이라는 시로 당시 백성들의 참혹한 현실을 고스란히 그려 내고 있습니다.

노전마을 젊은 아낙 그칠 줄 모르는 통곡 소리

현문을 향해 슬피 울며 하늘에 호소하네

전쟁터에 간 지아비가 못 돌아오는 수는 있어도

남자가 그걸 자른 건 들어본 일이 없다네

시아비 상복 막 벗고, 아기는 탯물도 마르지 않았는데

삼대가 다 군보에 실리다니

가서 아무리 호소해도 문지기는 호랑이오

이정은 으르렁대며 마구간 소 몰아가고

조정에선 모두 태평의 즐거움을 하례하는데

누구를 보내 위태로운 말로 포의로 내쫓는가

칼을 갈아 방에 들자 자리에는 피가 가득

자식 낳아 군액 당한 것 한스러워 그랬다네

무슨 죄가 있어서 잠실음형 당했던가

민땅 자식들 거세한 것 그도 역시 슬픈 일인데

자식 낳고 사는 이치 하늘이 준 바이고

하늘 닮아 아들 되고 땅 닮아

딸이 되지 불깐 말 불깐 돼지 그도 서럽다 할 것인데

부호들은 일 년 내내 풍류나 즐기면서

낟알 한 톨 비단 한 치 바치는 일 없는데

똑같은 백성 두고 왜 그리도 차별일까

객창에서 거듭거듭 시구 편을 외워 보네

다산의 개혁 사상

실학자로서의 다산은 경학적 태도로 성리학을 비판하는 입장에 섰습니다. 그것을 다른 말로 말하면 현실 사회에 대한 개혁을 위한 철학적 작업이라고 말할 수 있습니다. 성리학의 절대성을 비판한다는 것은 당시 주도적인 신분 관계나 제도도 바뀔 수 있다는 점을 내포하고 있습니다.

그가 〈탕론〉이란 글에서 천자(왕)의 절대성까지 부정한 것은 바로 이러한 생각에 근거하고 있습니다.

"천자란 어떻게 해서 있게 된 것인가? 천자는 하늘에서 내려와 세운 것인가? 아니면 땅에서 솟아나 천자가 된 것인가? 다섯 집이 린(隣)이 되는데 다섯 집에서 장(長)으로 추대된 자가 인장(隣長)이 되고, 5린이 리(里)가 되는데 5린에서 추대된 자가 이장이 된다. 또 5비가 현(縣)이 되는데 5비에서 장으로 추대된 자가 현장이 되고, 여러 현장이 함께 추대한 자가 제후가 되며 제후가 함께 추대한 자가 천자로 되니, 천자란 것은 대중이 추대하여 된 것이다."

이 말은 대중의 뜻에 따라 천자도 바꿀 수 있다는 뜻이 됩니다.

〈원목〉이라는 글에서도 이와 비슷한 말을 했는데, "백성을 위해 통치자가 존재하는가? 통치자를 위해 백성이 존재하는가?"라고 하였습니다.

이렇듯 다산의 사회사상의 중심에는 개혁 사상이 자리 잡고 있습니다. 개혁 사상 가운데 가장 중요한 것은 제도의 개혁이고, 제도의 개혁 가운데 가장 시급한 것이 토지제도의 개혁이었습니다. 오늘날에도 땅 투기를 하여 부자가 되고, 가진 자는 더 많이 가지고 없는 자는 갈수록 가난해지는 모습을 보이는데, 당시도 농민이 아닌 부자들이 땅을 가졌기에 개혁이 필요했던 것입니다.

토지제도의 개혁은 토지의 소유 관계를 개혁하는 것이었습니다. 토지는 원칙적으로 농민의 소유여야 하고, 생산물은 직접 그 생산에 종사한 사람들의 것이어야 한다는 생각입니다. 그래서 그가 생각해 낸 것이 '여전제(閭田制)'로의 개혁입니다. 그것은 모든 사람들이 땅을 공동으로 소유하고 공동으로 경작하여, 생산물을 노동에 참여한 날 수에 따라 공동으로 분배하자는 것이 개혁의 핵심입니다.

또 토지제도뿐만 아니라 세금 제도 등에 대한 개혁도 주장하였습니다. 그래서 말하기를 "이 법을 고치지 않으면 백성들은 모두 죽고 말 것"이라고 까지 말합니다.

　그 외에 신분제도의 개혁과 지역적 차별, 적서의 차별, 당쟁으로 인해 인재가 등용되지 못함을 비판하고, 이에 대한 개혁을 강력히 주장하였습니다.

목민심서닷컴

대중을 통솔하는 방법에는 오직 위엄과 신의가 있을 따름이다.

- 정약용 -

목민심서닷컴을 만든 다산 아저씨!
아니, 컴퓨터가 뭔지도 모르는 아저씨께서 어떻게 홈페이지를 만들었냐고? 다 방법이 있다 이거야.
그런데 아저씨께서 조선으로 돌아갈 날이 얼마 남지 않았어. 아저씨는 정말 나를 두고 떠나 버리실까?

① 홈페이지 만들기

"대철아, 안녕? 숙제는 했니? 아저씨는 건강하시고? 오늘 너희 집에 가서 같이 놀까?"

나에게 이렇게 다정하고 친절한 친구가 누구냐고? 하하하. 바로 미나다! 도저히 믿을 수가 없다고? 나조차도 정말 꿈만 같다.

다산 아저씨께서 대단한 일을 해서 신문에 실리고 미나네 아버지도 부당한 대우에서 벗어난 뒤부터 나는 미나와 급속도로 친해졌다. 잘난 체 덩어리 준형이가 질투를 했음은 물론이다.

"야! 강대철! 미나에게 대체 뭘 사 준 거지? 왜 요즘 미나가 나랑은 안 놀고 좀생이에 범생이인 너랑만 어울리냐 이거냐!"

준형이는 역시 돈밖에 모르는 아이다. 사람의 마음은 돈으로 살 수 없다는 어른들의 말을 이젠 좀 알 것 같다! 히히.

방과 후에 미나와 함께 집에 왔더니 아저씨께서 웬 형과 함께 계셨다.

"아저씨, 공사장엔 왜 안 나가셨어요?"

"응. 오늘은 특별히 쉬기로 했단다. 이 형과 인사하렴. 앞으로 우리를 많이 도와줄 거야."

그러고 보니 아저씨와 함께 있는 형, 어디서 많이 본 얼굴이다. 누구지?

"안녕? 지난번 인력시장에서 우리 한번 만났었지? 이름이 대철이라며? 잘 지내 보자."

아, 맞다. 철학대학교를 졸업하고도 취직을 못해 매일 인력시장에 나온다던 그 형이구나? 그런데 우리 집엔 어쩐 일일까?

"대철아. 수원 화성 복원 공사 예산을 삭감하려 했던 국회의원들은 사과를 했지만 아직도 못사는 국민 생각을 안 하는 다른 국회의원들이 훨씬 더 많을 거다. 또 국회의원뿐만 아니라 국민들의 일을 처리하는 무수한 사람들이 잘못을 저지르고 있을 것이다. 그들을 어떻게 바로잡아야 할까 고민하던 차에 이 형이 나를 도와주기로 했단다."

"아니, 어떻게요?"

나와 미나는 두 눈을 끔벅였다. 무슨 좋은 방법이라도 있는 걸까?

"그래. 홈…… 홈……, 푸지……?"

아저씨가 영 기억을 못하시자 형이 거들어 주었다.

"홈페이지요!"

"하하. 그래 홈페이지를 만들려고 해!"

나와 미나는 입을 쩍 벌렸다. 컴퓨터 켤 줄도 모르는 아저씨께서 어떻게 홈페이지를 만들지? 아니, 컴퓨터가 뭔지도 모르는 아저씨가 대체 어떻게?

"하하. 너희들 맘 안다. 지금 내가 콤…… 퓨토라는 장치도 모른다고 걱정하는 거지? 그래서 이 형이 도와주기로 한 거란다. 홈페이지에 글을 쓰면 전국의 모든 사람들이 그 글을 볼 수 있다면서? 책으로 만들어 팔지 않아도 말이야. 홈페이지 이름은 바로 목! 민! 심! 서! 닷컴! 하하."

"목민심서가 무슨 뜻이에요?"

이번엔 형이 대답하였다.

"목민심서란 목민관 그러니깐 벼슬아치들이 지켜야 할 덕목 등을 적어 놓은 책 정도로 해석하면 되겠구나. 아직 그런 책은 없지만, 아저씨께서 차근차근 글을 홈페이지에 연재하실 거다. 나중엔 책으로 엮어도 좋겠지?"

일은 일사천리로 진행되었다. 컴퓨터 천재인 형은 그 자리에서 바로 작업을 시작해서 곧 목민심서닷컴이라는 홈페이지를 열었다. 그리고 아저씨는 국회의원들뿐만 아니라 국민들 모두를 변화시킬 수 있는 글을 쓰기 시작하셨다. 아저씨께서 써 놓은 글을 홈페이지에 올리는 일은 미나와 내가 맡았다. 아저씨께서는 타자를 전혀 못 치시니까! 히히.

나는 아저씨께서 인력시장의 사람들에게 힘주어 말하던 개혁이라는 단어를 가끔 생각하곤 하였다. 개혁이라는 것은 어느 날 갑자기 일어나는 일은 아닐 거다. 차근차근 천천히, 사람들 마음속에 깨달음이 생기고, 그러고 나면 어느 샌가 사람이 살기 좋은 세상이 만들어져 있겠지. 목민심서닷컴이 그 출발점이 되었으면!

나는 내 방에 걸려 있던 달력을 떼어 장롱 속에 넣어 버렸다. 요즘엔 정말이지 시간 가는 게 무섭다.

② 목민심서닷컴

첫 번째 클릭! <u>국민들을 위해 일하는 것</u>

국민들을 위해 일하는 직업은(대통령, 국회의원, 공무원 그밖에도 많은 직업들) 모든 일 중에서 가장 어렵고 책임이 무거운 일입니다. 국민들을 보살펴야 하는 동시에 모든 면에서 국민들의 모범이 되어야 하는 자리이기 때문이지요. 그래서 그들은 늘 검소한 복장을 해야 하며 국민들에게 폐를 끼치는 일은 없어야 합니다. 또한 나라에서 주는 월급 외에는 한 푼도 국민의 돈을 받아서는 안 되며 일을 처리할 때에는 공과 사를 분명히 구분해야 해요. 또한 자신의 부하 직원이 자신도 모르게 국민들을 괴롭히는 일이 없도록 잘 단속해야 합니다.

　● 조선시대, 홍주의 목사관으로 발령을 받은 유의라는 사람은 부임을 한 뒤부터는 자신에게 오는 모든 편지를 뜯어보지 않았다고 합니다. 이는 대부분 자신에게 청탁을 하기 위한 편지였기 때문이지요.

두 번째 클릭! 율기

　율기란 자신을 다스리는 원칙을 말합니다. 그들은 몸가짐을 절도 있게 해서 위엄을 갖추어야 합니다. 위엄이란 아랫사람이나 국민들을 너그럽게 대하는 동시에 제대로 원칙을 지키는 것을 말합니다. 마음가짐은 언제나 청렴결백해야 합니다. 다른 사람의 나쁜 부탁을 들어주어서도 안 되고 언제나 검소해야 합니다. 집안을 잘 다스리는 것도 그들의 중요한 덕목입니다. 또한 모든 것을 절약하고 아껴서 국민들에게 은혜를 베푸는 것 또한 그들이 지켜야 할 덕목입니다.

◗ 옛날, 명나라 사람 허자는 겨울에 가선이라는 고을의 수령으로 임명되어 길을 떠나게 되었습니다. 그는 하인을 시켜 집안의 모든 식구들을 모이게 했지요. 식구들은 이미 함께 떠나기 위해 모든 준비를 끝마친 상태였습니다.

그런데 허자는 아들과 하인만을 데리고 부임지로 떠나겠다고 하였고 부인은 섭섭함을 감출 수 없었습니다. 이는 쓸데없는 청탁이 오가고 물자가 낭비되는 일을 막기 위해서였습니다. 허자는 겨울에도 추위에 떨고 있을 백성들을 생각하며 불을 때지 않았다고 해요.

세 번째 클릭! 봉공

봉공은 나라와 사회를 위하여 힘써 일하는 것을 말합니다. 그들의 가장 중요한 임무는 나라의 뜻을 국민들에게 잘 알리는 것입니다. 또한 법을 잘 지키고 잘못된 관행은 바로잡아야 합니다.

또한 세금을 공정하게 징수해서 아랫사람들이 부정을 저지르는 일이 없도록 철저히 단속해야 합니다.

네 번째 클릭! 애민

애민은 국민을 사랑한다는 뜻입니다. 그들은 노인을 공경하고 불쌍한 국민들을 보살펴야 할 의무가 있습니다. 자연재해가 나지 않도록 항상 대비해야 하고 재해가 생겼을 때에는 국민들을 위로 하고 구호하는 데 힘써야 합니다.

❂ 송나라 문신 엽몽득은 자신이 다스리던 허창 지방에 홍수가 나서 많은 아이들이 버려졌는데도 거두어 키우려는 사람들이 없자 이유를 알아보았습니다. 그랬더니 고아를 거두어 자신의 아이로 키웠는데 나중에 진짜 부모가 나타나서 데려갈까 봐 키우지 못하겠다는 것입니다. 그래서 현명한 엽몽득은 버려진 아이들은 후에라도 부모가 다시 찾아가지 못하도록 하는 법을 만들어 모든 고아들에게 양부모를 찾아 주었습니다.

❂ 조선 효종 때의 참판 이후산이 강원도 안찰사로 있을 때, 고을에 심한 흉년이 들었습니다. 그런데 백성들은 먹을 것이 없어 쩔쩔매면서도 일거리가 없어 돈을 벌 수도 없었지요. 이를

안 이후산은 관아의 건물을 새로 짓는 공사를 벌여 백성들에게
일거리를 마련해 주었습니다.

다섯 번째 클릭! 그 밖의 것들

 그들은 모든 일을 빈틈없이 파악하고 있어야 하며 아랫사람을
은혜로 대해야 하고 법으로 단속해야 합니다. 공정한 세금을 징수
해야 하며 미풍양속을 해쳐서는 안 됩니다. 가난한 국민들이 피해
를 입지 않도록 늘 조심해야 하며 사건은 늘
신중하게 처리해야 합니다.

 또한 관직에 연연해서는
안 되고 일을 그만둘 때
많은 재물을 챙기는
것 또한 하지 말아
야 합니다.

 ❷ 제주에서 훌륭
하게 수령 생활을
마친 이약동은 한양
으로 돌아가면서 제주에

서 얻은 물건들은 전부 놓고 가기로 했습니다. 자신의 것이 아닌 제주 백성들의 물건이라고 생각했기 때문이지요. 그런데 꼭 하나, 자신이 아끼던 가죽 채찍만은 제주에서의 수령 생활을 기념하기 위해 가져가고 싶었습니다. 그러나 청렴결백했던 이약동은 결국 다음 날 아침, 그것을 다시 제자리에 가져다 두었지요.

③ 인기를 얻은 홈페이지

 아저씨는 자신이 하고 싶은 말을 정리해서 하루하루 연재해 나갔다. 처음엔 하루 방문자수가 많아야 네다섯 명 정도였다. 그러다가 점점 방문자수가 늘었고 수원 화성 복원 공사를 원래대로 진행하게 한 장본인인 다산 아저씨가 연재를 한다는 입 소문이 돌기 시작한 어제와 오늘은 방문자 수가 폭주했다. 홈페이지를 둘러보던 나는 신나서 소리쳤다.

 "우와. 방문자 수가 50만 명이 넘었어요!"

형도 신이 난 목소리로 외쳤다.

"50만 명에 만족하면 안 되지! 곧 수백만 명이 방문하게 될 거다. 내 목표는 전 국민이 이 홈페이지에 와서 아저씨의 글을 읽는 거란다. 아저씨는 정말 훌륭하신 분이야. 마치…… 정약용 같은 분이라고나 할까?"

나는 형의 말을 듣고 깜짝 놀랐다. 형은 아저씨가 진짜 정약용이라는 사실을 모르는데! 형은 그저 아저씨를 마음씨 좋은 '다산 아저씨'로 알고 있을 뿐이었다.

"형! 아저씨가 정약용이라는 사실을 알고 계셨어요?"

그러자 형은 날 이상한 눈빛으로 쳐다보았다.

"그게 무슨 이상한 소리니? 아저씨가 정약용이라니……. 하하. 나는 그저 조선시대의 정약용이 더 오래 살았더라면 목민심서 같은 훌륭한 서적을 더 많이 남기지 않았을까 싶어서 해 본 말이야. 그랬더라면 정약용처럼 위대한 인물이 이렇게 사람들의 기억 속에서 잊히는 일은 없었을 텐데. 다산 아저씨를 보고 있으면 마치 조선시대의 정약용이 살아 돌아온 것 같은 느낌이 든다."

휴, 난 또.

형! 아저씨가 바로 진짜 정약용이라고요. 히히.

아저씨가 연재하는 글 아래에는 하나 둘 꼬리말이 달리기 시작했다. 마치 수원 화성을 지을 때 공사 실명제를 시행했던 것처럼 목민심서닷컴 역시 꼬리말을 달 때 자신의 본명을 아이디로 사용했다. 그리고 점점 낯익은 이름들이 아저씨의 글에 꼬리말을 달기 시작했다.

인기인: 탤런트 인기인입니다. 정말 재미있게 읽었습니다. 언제 또 연재 되죠?
최국민: 국회의원 최국민입니다. 좋은 글 읽고 갑니다. 저도 꼭 청렴한 국회의원이 되겠습니다.
나임금: 대통령입니다. 참으로 훌륭한 분이십니다. 꼭 한 번 뵙고 싶어요. 청와대로 초대하겠습니다.

그러자 유명인들의 꼬리말을 보기 위해 더 많은 사람들이 홈페이지에 방문했고 목민심서닷컴은 곧 '유명인들이 자주 방문하는 홈페이지'로 텔레비전에 소개되었다. 텔레비전에서는 목민심서닷컴의 인기 비결이, 정치인이나 공무원들에게는 좋은 지침서가 되고 그 밖의 사람들에게는 생활의 교훈이 되기 때문이라고 했다.

어느 날, 아저씨는 어느 때보다 집에 일찍 돌아오셨다.

"아저씨! 왜 이렇게 집에 일찍 오셨어요? 비도 안 오는데."

"허허. 공사장으로 신문기자라는 사람들이 너무 많이 찾아와서 일을 할 수가 없구나. 거참, 이를 어쩐다."

"네? 기자들이요? 기자들이 왜요?"

아저씨는 난감해하면서 말씀하셨다.

"모르겠다. 그 뭐냐, 인토부를 하자더구나. 그게 뭐냐, 대체."

"인터뷰요?"

"그래! 인터뷰."

나는 인터뷰라는 말을 듣자 신이 나서 함성을 질렀다. 와! 신문기자들하고 인터뷰를 하고 텔레비전에도 나오고 인기도 얻고…… 그러면 아저씨도 조선시대로 돌아가겠다는 생각을 안 하게 되지 않으실까? 그리고 아저씨의 개혁 사상을 널리 알릴 수도 있고 말이다.

아저씨는 함성을 지르며 좋아하는 나를 도무지 이해하지 못하겠다는 표정으로 쳐다보셨다.

"아저씨! 인터뷰하세요. 그리고 텔레비전에도 출연하는 거예요! 그래서 아저씨의 사상을 세상에 널리 알리자고요!"

"그, 그럴 수는 없다."

"아니 왜요!"

"나는 과거에서 온 사람이야. 한 달이 넘도록 이곳에서 살면서 많이 배우고 깨달았다고는 하지만 그래도 텔레비전에 나가서 말을 하다 보면 잘못하다가는 들통 날 수도 있단 말이야. 그렇지 않겠니?"

어휴, 그런 문제가 있었구나. 그럼 정말 이를 어쩐다?

아저씨를 이곳에 붙잡아 두는 방법을 찾아냈다고 좋아했는데…….

그때 철학대 형이 집에 찾아왔다. 형은 목민심서닷컴을 만든 능력을 인정받아 유명한 회사에 취직했지만 여전히 목민심서닷컴을 관리하고 있었다.

"그럼 이 방법을 쓰면 어떨까요?"

부끄러움을 많이 타는 아저씨가 인터뷰를 할 수 있는 좋은 방법이 있겠느냐고 형에게 묻자 철학대 형은 웃으며 대답했다.

"홈페이지에 채팅 방을 개설하는 겁니다. 그럼 아저씨는 집에서도 기자들과 인터뷰할 수 있고 아저씨의 홈페이지에 방문하는 국민들과도 대화할 수 있을 거예요."

와! 정말 철학대 형은 천재다, 천재!

바로 다음 날 목민심서닷컴엔 채팅 방이 만들어졌다. 다산 아저씨와 이야기를 나눌 수 있다는 공지 사항이 뜨자 곧 채팅 방에는 수많은 사람들이 입장하였다. 나는 아저씨의 말을 재빨리 타자로 옮기기 위해 비장한 각오로 컴퓨터 앞에 앉았다.

④ 채팅 인터뷰

기자 1: 목민심서닷컴의 내용은 재미있게 읽고 있습니다. 모두 직접 쓰신 건가요?

기자 1: 그렇습니다.

기자 2: 왜 목민심서닷컴에 연재를 하기로 결심을 하신 겁니까?

다산: 수원 화성 복원 공사 사건으로 많은 생각을 하였습니다. 예산을 삭감하려했던 국회의원들은 그 계획을 취소했지만, 아직도 많은 잘못을 저지르고 있을 정치인들과 공무원들을 바로잡고

싶었습니다. 그래서 목민심서닷컴을 만들어 연재하기 시작한 겁니다.

기자 3: 그렇다면 국민을 위해 일하는 사람들이 가져야 하는 가장 중요한 덕목이 무엇이라고 생각하십니까?

다산: 당연히 국민을 사랑하는 마음입니다. 애민 정신이라고도 하지요. 국회의원들이나 공무원들, 대통령까지도 모두 국민을 위해 존재하는 것입니다. 오랜 옛날에는 통치자가 없었고 백성들끼리만 모여 살았습니다. 그러다 가끔씩 다툼이 일어나면 마을의 현명한 노인에게 판결을 부탁했지요. 마을들 사이에서도 가끔씩 다툼이 일어났습니다. 그래서 모든 마을의 사람들이 모여 그들 중에서 가장 현명한 자를 뽑아 판결을 내리게 했습니다. 이런 식으로 한 나라에서 가장 현명한 사람이 임금이 된 것입니다. 그러므로 임금도 백성을 위해 존재하는 것이었지요. 그런데 그렇게 세워진 임금은 점점 욕심이 생겼습니다. 그래서 자기 마음대로 법을 만들어 백성들을 통치했고, 백성으로부터 조금이라도 더 많은 재물을 뜯어내려 힘썼습니다. 마치 백성들이 자신을 위해 존재하는 듯 착각을 한 것이지요. 요즘 일어나는 많은 문제들도 그런 이유들로 발생한 것입니다. 국민을 위해 일하는 사람들은 무엇보다도 국민을

사랑해야 하고 또 자신들이 국민들을 위해 존재한다는 사실을 알아야 합니다.

기자 4: 그렇다면 국민들은 어떻게 행동해야 합니까?

다산: 국민들은 억울한 일을 당하면 자신의 처지를 어쩔 수 없는 일이라며 숙명적으로만 생각하지 말고 주체적으로 대해 밝은 정치를 구현할 수 있는 한 가닥 실마리를 잡아야 합니다. 그리고 기예를 쌓아 나라를 부강하게 만들어야 합니다.

기자 1: 기예란 것이 무엇입니까?

다산: 기예라는 것은 기술과 재주를 말합니다. 자신만의 기술과 재주를 갈고닦아 놓으면 생활이 편리해지고 나라가 부유해집니다. 그리고 한 번 기예를 익혔다고 해서 그것에 안주하지 말고 끊임없이 새로운 기예를 익히도록 노력해야 합니다.

기자 2: 이건 개인적인 질문인데, 왜 똑똑하신데 학자가 되지 않으시고 공사장에서 일을 하시는 건지…….

다산: 책상에 앉아 실생활에 전혀 도움이 되지 않는 학문만을 연구하는 것이 공사장에서 일을 하는 것보다 낫다고 생각하진 않습니다. 실사구시적인 노동을 하여 이익을 만들어 내는 것이 더 훌륭한 일이겠지요.

기자 5: 아니, 실사구시란 게 뭡니까?

다산: 실사구시라는 것은 눈으로 보고 귀로 듣고 손으로 만져 보는 것과 같은 실제적인 일에서 진리를 얻고자 하는 것을 말합니다. 책에 써 있는 과학 실험 방법을 아무리 백 번 넘게 읽어도 실제로 해 보지 않으면 그 결과를 알 수 없지 않습니까? 이러한 실사구시 정신은 실학사상을 낳기도 했지요.

기자 3: 실학사상이라면 조선 후기에 유행했던 사상 아닙니까?

기자 1: 그렇습니다. 학문이 실제 생활을 풍족하게 하는 데 도움을 주어야 한다고 주장한 사상입니다. 지금은 무엇보다도 실사구시 정신과 실학사상을 바탕으로 개혁을 해야 할 때입니다. 얼마 전 인력시장에 나가 보았습니다. 많은 젊은이들이 일자리를 구하지 못해 쩔쩔매고 있었지요. 이제 정치인들은 당리당략을 위해 경제를 걱정하는 척만 하고 앉아 있을 것이 아니라, 실사구시 정신으로 노력하여 나라를 부강하게 만들어야 합니다.

기자 4: 정말 훌륭하신 말씀입니다.

기자 5: 오늘 말씀 정말 잘 들었습니다.

⑤ 폭발적인 반응

반응은 폭발적이었다.

다음 날 신문에는 '나라의 대통령감이 나왔다!' 또는 '다음 국회 의원으로 다산을!' 등의 제목으로 아저씨의 기사가 대서특필 되었다.

아저씨는 더 이상 수원 화성 복원 공사장에 나갈 수도 없었다. 그곳에 너무 많은 기자들과 아저씨의 지지자들이 몰려와서 공사에 방해가 되었기 때문이다. 그러나 아저씨는 자신의 사상을 전

국민이 알아준다는 것에 크게 기뻐하셨다.

"아저씨! 정말 다음 번 국회의원 선거에 나가세요! 아저씨는 조선에서도 훌륭한 목민관이셨으니 대한민국에서도 훌륭하게 정치를 하실 수 있을 거예요."

"아니, 차라리 대통령 선거에 출마하는 건 어떨까요? 대통령이 돼서 아저씨의 개혁 사상 그대로 정치를 하세요. 아저씨처럼 훌륭한 분이 대통령이 되신다면 우리나라도 정말 부강해질 거예요!"

나는 매일 신이 나서 아저씨를 설득했다. 그러나 아저씨는 묵묵히 목민심서닷컴에 연재만 하고 계실 뿐이었다.

목민심서닷컴은 이제 하루 방문자수가 백만 명이 넘는 엄청나게 큰 홈페이지가 되었다. 또한 아저씨의 호인 '다산'은 청렴결백한 국회의원이나 공무원을 가리키는 말로 쓰이기 시작했다.

"정말 김 의원은 다산스러워! 오래도록 정치를 해 주었으면."

"다음 대통령은 꼭 다산 같아야 할 텐데."

나는 다산 아저씨와 함께 산다는 이유로 학교의 인기 짱이 되었다. 쉬는 시간이면 나를 보려고 다른 반 아이들이 우르르 몰려왔고 다산 아저씨의 사인을 받아 달라고 조르는 아이도 있었다.

내가 존경하는 위인을 발표하는 2교시 사회 시간.

"누가 먼저 발표해 볼래요? 준형이가 해 볼래?"

또 신나게 장난을 치고 있던 준형이는 자신의 이름이 호명되자 순간 돌처럼 굳더니 빨개진 얼굴로 머뭇거린다.

"제가 해 보겠습니다!"

나는 손을 번쩍 들고 걸음도 당당하게 교탁 앞으로 나가 조선시대 훌륭한 위인이셨던 다산 정약용 아저씨에 대해 발표했다.

짝짝짝!

내 발표가 끝나자 제일 먼저 박수를 친 사람은 바로 미나였다. 나는 미나를 향해 윙크를 날려 주었다.

"대철이의 발표 잘 들었어요. 조사를 아주 많이 했군요. 그래요. 정약용이라는 분은 물론 훌륭한 분이셨지만 일찍 돌아가시고 말았지요. 그래서 안타깝게도 알려진 것이 매우 적어요."

앗! 바로 그 순간 나의 머릿속을 불현듯 스치고 지나가는 것이 있었다.

목민심서닷컴과 다산 아저씨가 갑자기 유명해지는 바람에 나까지 들떠 있어서 그동안 잠시 잊고 있었다.

바로 내일……. 내일이 정조 임금님이 아저씨를 데리러 온다고 약속한 날인 것이다.

⑥ 마지막 인사

아! 눈 깜짝할 사이 두 달이라는 시간이 흘렀다.

학교 소각장에서 처음 만났을 때 내가 내민 빵을 보고 깜짝 놀라던 아저씨. 아빠한테 들키지 않으려고 내 방에 숨어 살던 아저씨. 버스를 엄청 빠른 말이라고 부르던 아저씨…….

이제는 이곳 생활에 완전히 적응하여 즐겁게 살아가고 계신 다산 아저씨가 떠날 것 같지는 않다. 아니, 떠나시면 안 된다. 아저씨는 우리 집에서 나와 평생 함께 살 것이다.

집으로 돌아오니 고소한 돼지갈비 냄새가 풍겨 왔다. 아저씨가 수원 화성 복원 공사장에서 힘들게 일하여 번 돈으로 크게 쏘신 거다.

"오랜만에 고기를 먹으니깐 힘이 불끈불끈 솟는 것 같아요!"

"하하, 그래. 대철이 많이 먹으렴."

아빠도 허겁지겁 갈비를 드시다가 무언가 생각났다는 듯이 말씀하셨다.

"내일은 공사도 쉬는 날인데 우리 셋이 소풍을 가는 건 어떨까? 형님, 어떠세요? 김밥을 싸서 놀이공원에 갑시다."

"와아!"

나는 너무 신나서 밥 먹는 것도 잊고 환호성을 질렀다.

"녀석, 이렇게 좋아하다니. 하하."

아빠도 덩달아 웃으셨지만 이상하게도 아저씨만은 표정이 어두웠다.

"대철아……."

잠자리에 들기 위해 이불을 깔자 아저씨께서 나지막한 목소리로 내 이름을 부르셨다.

나는 순간 가슴이 오그라드는 것만 같았다. 아저씨는 대체 무슨 말씀을 하시려는 걸까.

"저, 저는 너무 졸려서 빨리 자야겠어요. 아저씨도 얼른 주무세요! 내일 놀이공원에 함께 가야지요."

나는 아저씨를 애써 외면하며 이불을 덮고 돌아누웠다.

"대철아, 알고 있잖니. 나는 함께 갈 수 없다."

나도 모르게 눈에 눈물이 고였다.

"내일, 아저씨 시간이 안 되시면 모레 가면 되지요. 모레도 안 되면 다음 주에……."

"대철아, 나는 내일도 모레도 다음 주도 너와 함께 놀이공원에 갈 수 없다. 나는 오늘 조선으로 돌아간다."

나는 눈물을 감추려고 이불을 머리끝까지 뒤집어썼다.

"오늘이 바로 임금님과 약속한 날이야. 대철이, 아저씨 없이도 씩씩하게 자랄 수 있겠지? 훌륭한 사람이 되어야 한다. 꼭!"

"흑. 흐흑."

나는 흐느껴 울기 시작했다. 안 돼. 아저씨가 조선으로 가시면 안 돼.

"대철아, 아빠께 효도하고 행복하게 살아야 한다. 아저씨도 조선으로 돌아가서 행복하게 살게. 대철이를 평생 잊지 않으마. 마지막으로 아저씨 얼굴 안 보겠니? 아저씨는 대철이 얼굴 마지막으로 보고 싶은데……."

나는 벌떡 일어났다. 이미 얼굴은 눈물로 뒤범벅되어 있었다. 눈에는 슬픔과 아저씨에 대한 원망으로 가득했다.

"가지 말아요! 여기서 나랑 아빠랑 같이 살아요. 조선으로 돌아가시면, 돌아가시면 안 돼요. 이럴 거면 여기 왜 왔어요! 이렇게 떠나 버릴 거면 왜 왔어요! 흑흑."

"정말 미안하구나."

그러나 아저씨의 표정은 단호했다. 정말 가실 건가 보다. 정말로 아저씨는 아저씨들의 반대파들로 우글거리는 그 조선으로 다시 돌아가실 건가 보다.

"아저씨! 아저씨가 모르시는 게 있단 말이에요. 내가 위인전 뒷부분을 뜯어냈어요. 아저씨가 죽는다고 써 있는 뒷부분을 뜯어냈단 말이에요! 임금님께서 돌아가시고 나면 아저씨는 귀양살이를 하는데 그곳에서 곧 죽고 만대요. 아저씨를 보낼 수 없어요! 아저씨를 죽게 내버려 둘 수 없어요! 아저씨를 인정해 주는 이곳에서 같이 살아요!"

나는 엉엉 울면서 아저씨께 매달려 애원했다. 아저씨는 그런 나를 따뜻하게 안아 주었다.

"나도 이미 알고 있단다. 대철아."

나는 아저씨의 품에 안겨 흠칫 놀랐다.

그랬구나. 아저씨도 이미 알고 계셨구나.

그런데도 아저씨는 왜 다시 그곳으로 돌아가려고 하시는 걸까.

"하지만 나는 돌아가야 해. 임금님과 나의 가족이 살고 있는 조선으로. 나는 모든 것을 각오하고 있단다. 귀양지에서 죽는 것조차 각오하고 있어. 나에겐 의무가 있다. 가난에 찌든 조선의 백성들에게 이곳에서 배운 과학기술들을 전해 주어야 하고 욕심에 절은 벼슬아치들에게 내가 쓴 목민심서를 보여 주어야 한다. 나는 조선에서 아주 할 일이 많단다."

"아저씨……."

"대철이 너에게 한 가지만은 꼭 약속하마. 나는 죽지 않겠다. 귀양을 가더라도 꼭 살아남겠다. 너를 위해서 꼭 오래도록 살아 주마. 대신 너도 약속하여라. 훌륭한 사람이 되어라. 그리고 꼭 행복한 삶을 살아라."

아저씨는 새끼손가락을 내밀었고 나는 그 손가락에 마음을 담아 나의 새끼 손가락을 걸었다.

우리의 두 번째 약속이었다. 나는 그제야 살며시 웃었다.

나는 아저씨를 정말로 보내 주어야 한다. 할 일이 아주 많은 아저씨를 이제는 보내 주어야 한다.

나는 아저씨를 꼭 껴안았고 나도 모르게 깊은 잠에 빠져 들었다.

1표2서

개혁을 표방하는 다산의 대표적인 세 가지 저술로서 《경세유표(經世遺表)》, 《목민심서(牧民心書)》, 《흠흠신서(欽欽新書)》를 말합니다. 앞에서 말한 경학이 선비나 임금의 수양과 도덕에 관한 것이라면, 이 세 권은 다산 경세학의 핵심을 적은 책들입니다.

여기서 《경세유표》는 국가 제도, 즉 중앙 행정 기구의 간소화를 토대로 하여 토지, 조세의 관리로부터 산업과 기술, 무역과 정책에까지 언급하고 있습니다. 《흠흠신서》는 재판이나 형벌을 맡은 관리가 사람의 생명에 관한 일을 가벼이 처리하지 않게 유의할 점을 적고 있으며, 《목민심서》는 지방의 관리가 고을에 부임하는 날부터 퇴임하는 날까지 지켜야 할 사상들을 기록해 놓은 책입니다.

《목민심서》의 배경과 그 내용

정약용은 '대중을 통솔하는 방법에는 오직 위엄과 신의가 있을 따름'이라고 말하였습니다. 위엄은 청렴한 데서 생기고 신의는 마음으로 우러나오는 정성에서 생깁니다. 청렴하고 마음으로 우러나오는 정성이 있다면 충분히 대중을 바른 길로 이끌 수 있겠죠?

그렇다면 목민심서에 대해 자세히 알아볼까요?

교회에서 교인들을 가르치는 사람을 목사(牧師)라고 부르는데, 바로 그 '목(牧)' 자가 여기에 근거하고 있습니다. 영어로 된 것을 번역하면서 우리가 썼던 목민의 목(牧) 자에 스승 사(師) 자를 붙여서 만든 글자입니다. 양을 치듯 가축을 돌보듯 백성들을 잘 길러야 한다는 뜻에서 목민(牧民)이라는 말을 썼고, 그런 사람들을 목민관이라 불렀습니다.

　　옛날에는 중앙정부의 힘이 지방에까지 고루 미칠 수 없었기 때문에 수령들은 독자적으로 그 지방의 모든 일을 처리했습니다. 즉 그 지방의 행정뿐만 아니라 사법(재판)권도 가지고 있었으며 심지어 가정의 문제까지 관여하기도 했습니다. 그러니까 수령의 권한이 막강했다고 할 수 있습니다.

　　그 권한을 바르게 사용하느냐 그렇지 못하느냐는 전적으로 그 수령의 개인적 인품과 능력에 달려 있었습니다. 나라의 근본인 백성들이 잘 살려면 수령들의 능력과 인품이 뛰어나야 합니다. 그래서 《목민심서》를 쓰게 되었던 것입니다.

　　《목민심서》는 전라도 강진에 귀양 가서 쓴 책으로 체제가 12강 72조로 나누어져 있다. 그 내용은 지방의 관리로서 수령이 백성들을 위해 해야 할 일을 조선과 중국의 역사서를 비롯하여 여러 책에서 자료를 뽑아 일일이 적은 것입니다. 부임하는 일부터 시작해서, 청렴결백하고 검소한 생활을 하는 것을 비롯하여, 자기 자신을 바르게 하는 것, 공적인 일을 받드는 것, 백성을 사랑하는 것, 아전들을 단속하는 법, 세금, 예절, 군사, 재판, 군사, 그리고 흉년에 백성을 구제하는 법을 비롯하여 관리로서 퇴임하는 일까지 자세히 적고 있습니다.

에필로그

"아, 아저씨! 죽지 마세요! 꼭이요!"

"하하. 요 녀석! 놀이공원 가는 날 늦잠을 자다니! 어서 준비해야지!"

나를 흔들어 깨운 사람은 아빠였다.

나는 졸린 눈을 비비며 벌떡 일어나서 주위를 두리번거렸다. 없다!
아저씨는 보이지 않는다!

"아빠! 아저씨는요? 아저씨는 가셨어요?"

나는 다급히 물었다.

"아저씨라니? 아저씨가 누구냐?"

"다산 아저씨말이에요!"

그러자 아빠는 허허 웃으시며 내 볼을 꼬집으셨다.

"요 녀석. 아직 잠이 덜 깼구나. 어서 일어나서 세수하렴!"

나는 이상한 기분이 들어 방을 샅샅이 뒤졌다. 그러나 아무것도 없다. 아저씨에 대한 흔적은 전부 다 사라지고 없다.

나는 컴퓨터를 켜고 주소창에 목민심서닷컴을 쳤다.

'페이지를 찾을 수 없습니다.'

그런 홈페이지는 존재하지 않는다. 그리고 아무도 그런 홈페이지가 있었다는 사실을 기억하지 못한다.

나는 며칠 동안 정신없이 아저씨를 찾아다녔다. 아빠도, 미나도, 철학대 형도 기억하지 못하는 아저씨를 나는 미친 듯이 찾아 헤맸다. 나는 정말로 꿈을 꾼 것일까. 너무나도 생생한 꿈……. 마지막으로 아저씨를 찾기 위해 간 곳은 시립도서관이었다. 이번에는 아저씨와 관련된 책을 찾는 일이 쉬웠다. '다산 정약용'의 위인전만 해도 수십 종이 넘었고, '다산 정약용'이 쓴 책만 해도 수백 권에 달했으니까.

나는 '다산 정약용'의 위인전을 하나 대출해서 읽어 내려가기 시작했다. 놀랍게도 위인전의 뒷부분 내용이 전부 변해 있었다.

1800년 정조 임금이 사망하자 더 이상 보호막이 없어진 정약용은 반대파들의 모함을 받아 경상도 장기에 유배되었다가 이듬해 정약용이 40세 되던 해 전라도 강진으로 유배지를 옮겼다. 그는 귀양지에서 18년 동안이나 갖은 고생과 고통을 겪었으나 단 한 번도 좌절하지 않고 무수한 책을 썼으며 이와 같은 활동을 통해 자신의 사상을 발표함으로써 실학사상의 집대성자로 추대되었다. 또한 그는 유배지에서 백성들의 어려운 처지를 돌봐 주었으며 그들의 빈곤한 처지를 동정하였다.

1818년, 그의 나이 57세에 정약용은 비로소 귀양에서 풀려나 그리운 고향 마을 마현으로 돌아왔다. 그 뒤 그는 학문에만 힘썼으며 철학, 역사, 정치, 경제 등 광범위한 영역에 걸쳐 5백여 권에 달하는 방대한 책을 썼다. 그리고 1836년 2월 22일 75세를 일기로 고결한 인생을 마쳤다. 그는 여전히 조선시대 최고의 학자로 인정받고 있다.

아저씨는, 아저씨는 죽지 않았다!

아저씨는 귀양지에서 갖은 고생을 하였으나 18년의 유배 생활을 무사히 마치고, 그 뒤 고향 마을에서 18년을 더 사셨다!

나의 눈에서는 쉼 없이 눈물이 떨어졌다. 이제 됐다. 아저씨를 다신 만나지 못해도 좋아. 그게 차라리 꿈이었다고 해도 좋아. 아저씨는 분명히 우리의 두 번째 약속을 지키셨으니까.

나는 다시 목민심서닷컴을 만들었다. 그리고 그곳에 '다산 아저씨께'로 시작되는 편지를 연재하기 시작했다. 나중에 다시 아저씨를 만났을 때 내가 어떻게 살았는지 보여드리기 위해.

나 역시 아저씨와의 약속을 지키기 위해 열심히, 그리고 행복하게 살았다. 그러는 사이 세월은 흐르고 또 흘렀다.

30여 년 동안 연재된 '다산 아저씨께'는 책으로 출판되어 베스트셀러가 되었고, 나는 그때의 다산 아저씨 나이가 되어 열두 살의 아들을 가진 아빠가 되었다.

햇볕이 따스한 어느 일요일 오후, 나는 작은 삽을 챙겨 집을 나섰다. 열두 살짜리 아들과 함께였다.

"아빠! 우리 어디에 가는 거예요?"

나는 아무 대답 없이 아리송한 미소만 지을 뿐이었다.

내가 자동차를 몰아 도착한 곳은 남산골 한옥마을이었다. 30년 전과 전혀 다름없는 모습으로 나와 아들을 반겨 주는 한옥마을의 모습에 코끝이 찡해 왔다. 너무 늦게 온 건 아니겠지요, 아저씨.

"우와! 타임캡슐이다!"

서울시에서 만들어 놓은 타임캡슐을 보고 아들은 신이 나서 소리쳤다. 그러나 내 시선은 딴 곳에 머물러 있다.

'그대로 있구나.'

늙은 소나무는 여전히 꼿꼿한 모습으로 제자리에 서 있다. 아저씨는 우리가 했던 첫 번째 약속도 지키셨을까. 나는 몸을 숙여 소나무 밑을 조심스럽게 파내려 가기 시작했다.

"아빠! 뭐하세요?"

호기심 많은 아들이 어느새 내 뒤로 와서 그림자를 만들었다.

"아빠! 뭐하시냐고요. 저 심심해요. 같이 놀아요!"

그러나 나는 계속해서 조심조심 땅을 파내려 갔다. 그러다가 한순간 나의 손이 멈칫했다. 그리고 눈에는 천천히 눈물이 맺혔다.

"아빠, 같이 놀아. 앗, 아빠! 땅속에 뭐가 있어요!"

"그래. 정말 땅속에 뭔가가 있구나."

나의 목소리는 어느새 가늘게 떨리고 있었다.

다시 조심조심 흙을 헤쳐 내는 내 어깨에 마치 내가 다산 아저씨한테 그랬던 것처럼 아들이 매달렸다. 지금 이 순간, 나는 너무나도 다산 아저씨가 보고 싶다.

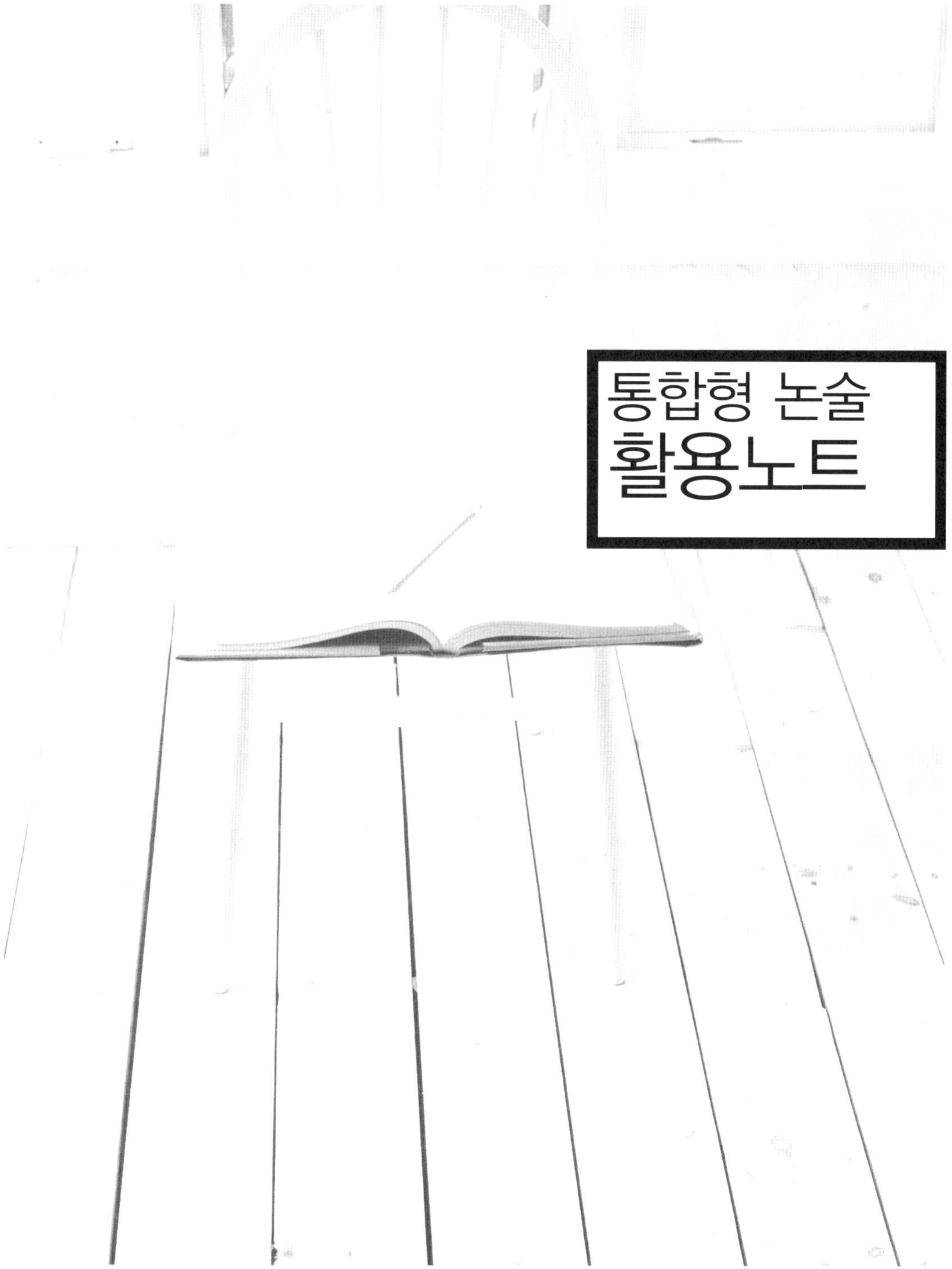

통합형 논술 활용노트

01 다산의 경학과 경세학은 유학자들의 전형적인 도덕 수양을 통한 정치 참여의 모습을 보여 줍니다. 다른 말로 수기치인(修己治人), 곧 '먼저 나의 수양을 통하여 남을 다스린다'는 뜻입니다. 이러한 논리가 오늘날 민주국가인 우리나라의 정치 현실에서 어떻게 적용되어야 하는지 다음을 참고하여 말해 보세요.

▶ 고위 공직자의 땅 투기
▶ 정치인의 기업으로부터의 정치자금 수수
▶ 정치인 자녀의 병역 비리

02 실학이 발생했던 조선시대의 상황과 오늘날의 상황을 다음 사례를
참고하여 장단점을 비교해 보세요.

▶ 산업스파이
▶ 도덕성의 붕괴
▶ 공해

03 경전에 대한 새로운 해석의 시도가 사회 개혁과 어떻게 연관되는지
아래 내용을 참고하여 설명하여 보세요.

▶ 보수적 종교 집단

▶ 국교(國敎)

▶ 최제우의 동학(東學)

04 다산이 주장하는 '여전제(閭田制)'는 모든 사람들이 땅을 공동으로 소유하고 공동으로 경작하여, 노동에 참여한 날 수에 따라 공동으로 생산물을 분배하는 제도입니다. 이 개혁의 타당성과 보완해야 할 점을 다음 사항을 참고하여 말해 보세요.

▶ 정신 노동자
▶ 서비스 산업

05 다산의 《경세유표》와 《목민심서》는 당시 조선의 중앙정부와 지방 행정의 개혁을 주장하는 책들입니다. 오늘날 우리나라에서 필요한 개혁이 있다면 어떤 것일까요? 아래 사항을 참고하여 말해 보세요.

▶ 양극화
▶ 차별

문제풀이

01 　조선시대 선비는 지식인이자 지도자입니다. 그가 가정에 머물러 있을 때는 자신의 몸을 수양하여 도덕적인 인격을 닦고, 벼슬길에 나서면 그 수양한 인격을 바탕으로 백성을 위한 정치를 했습니다. 인격적으로 훌륭하지 못하면 좋은 정치를 펼 수 없을 뿐만 아니라 백성들이 마음으로부터 따르지 않기 때문입니다. 오늘날 민주국가에서도 정치 지도자들의 도덕성과 능력이 절대적으로 필요합니다. 이른바 고위 공직자가 땅 투기를 하여 구설수에 오른다든가, 정치인이 기업으로부터 고액의 자금을 받는다든가, 자신들의 자녀가 편법으로 입대를 면제받는 행동은 국민들의 따가운 시선과 비난을 결코 면할 수 없을 것입니다. 이런 정치가들은 자신이 정직하거나 떳떳하지 못하기 때문에 자신들의 이익에 맞는 방향으로 정치를 할 것이고 국민의 이익, 특히 가난한 국민들을 위한 정치는 안중에 없을 것입니다. 돈을 받은 기업의 눈치를 봐야 하니까요. 국민들도 그런 지도자를 믿지 않고 따르지 않을 것입니다. 그러므로 먼저 정직하고 도덕적으로 인격을 닦고 능력을 갖춘 사람이 지도자가 되어야 백성들을 위한 정직한 정치적 행동을 할 것입니다.

02 　실학이 발생한 조선시대에는 학문의 목적이나 산업의 구조가 오늘날과 전적으로 달랐습니다. 학문은 도덕적으로 바르게 사는 것을 목표로 한 성리학이었고, 산업도 농업 위주였습니다. 그래서 도덕적으로 바르게 사는 것을 포기하지 않으면서도 산업을 육성하여 물질적으로 풍요한 삶을 누리고자 했습니다. 당시는 도덕적인 삶을 추구한 것은 좋은 일이지만, 물질의 생산이나 상업을 통한 이익에 너무 소홀히 한 것은 잘못이라 봅니다. 그런데 오늘날은 지나치게 이익을 추구하다 보니 산업 쓰레기로 인한 공해 문제와 남의 기술을 훔쳐서라도 이익을 남기고자 하는 산업 스파이 문제가 생겼습니다. 게다가 돈을 벌기 위해서는 수단과 방법을 가리지 않을 정도로 도덕성이 붕괴되었습니다. 조선시대에는 너무 도덕적인 것을 강조하다 보니 물질생활이 궁핍했는데, 오늘날은 물질생활의 풍요와 이익을 위하여 도덕을 무시하는 현상이 일어나고 있습니

다. 따라서 오늘날의 입장에서 실학을 말한다면 산업을 발전시키면서도 도덕성을 향상시키는 학문적, 사회적 풍토가 생겨야 합니다.

03 사회나 국가가 어려워지는 것은 고려 말이나 조선 말 또는 어떤 왕조의 말기 현상을 보면 알 수 있습니다. 그것은 자신들의 이익을 독점하고자 하는 강력한 집단과 거기에 대항하고자 하는 세력 간의 다툼이 있기 때문입니다. 역사적으로 볼 때 기득권을 갖고 있는 집단들은 어떻게든 그것을 유지하려고 하기 때문에 보수적 종교나 사상으로 그것을 합리화시킵니다. 특히 종교가 국교일 때는 종교의 가르침을 이용해서 가진 사람들을 자신들에게 순종하게 만듭니다. 이러한 문제에 대항하기 위해 새로운 종교가 생기든지 아니면 경전을 새롭게 해석해 종교를 개혁하거나 사회 개혁을 시도합니다. 전자가 조선 말 동학의 발생이나 중국의 왕조 말기에 생긴 수많은 신흥 종교와 관계되며, 후자의 경우는 구한 말 유교 개혁 운동을 들 수 있습니다. 둘 다 경전을 새롭게 만들거

나 해석하는데, 그것은 새로운 시대를 향한 개혁의 첫걸음이 될 수 있습니다. 많은 종교개혁은 종교 자체의 논리도 문제지만 이렇듯 사회 개혁과 관계가 깊습니다. '교조(교주)의 본래 모습으로 돌아가자'고 하는 운동으로 시작됩니다만, 그 시작은 항상 경전을 새롭게 해석하는 데서 출발하고 있습니다.

04 다산의 여전제는 각 마을의 단위별로 공동 소유한 경작지에서 공동으로 노동을 하고, 그 생산물을 각각의 기여도에 따라 공동으로 분배하는 것을 말합니다. 물론 국가에 대한 세금도 공동으로 내겠지요.

이렇게 하면 놀고먹는 사람이 없을 것입니다. 땅만 가지고 떵떵거리며 사는 지주도 없어질 것입니다. 모두가 노동에 참여해야 하니까요. 그래서 모두가 공동 농장의 노동자가 되는 것입니다. 물론 여전제에 농민만 필요한 것은 아니겠지요? 정치를 하는 사람, 행정을 담당한 사람, 국방을 담당하는 사람, 교육을 맡은 사람, 병을 고치는 사람, 물건을 사고파는 사람 등이 필요할

것입니다. 이런 사람들은 어떻게 하면 좋을까요? 각각의 여에서 낸 세금을 가지고, 정치를 하는 사람과 국방을 담당하는 사람에게 급료를 주면 될 것이고, 각 여에서 교육을 맡은 사람은 교육한 날 수를 노동의 날 수로 계산하면 될 것입니다. 또 상인과 장인은 물건을 만들거나 사고파는 데서 이익을 보장해 주면 될 것입니다. 그런데 집단 농장의 성격 때문에 생산력이 떨어질 우려가 있습니다. 이 경우 새로운 경영 방식을 도입해 이웃 여와 경쟁을 시키든지 개인끼리 인센티브를 주면 될 것입니다. 물론 이러한 것은 다소 공상적인 것이기는 하지만 당시의 상황에서는 탁월한 방법이라 생각됩니다.

05 오늘날 우리나라에서 필요한 개혁은 무엇일까요? 요즘 가장 많이 듣는 말 가운데 하나가 '양극화'라는 말입니다. 부자와 가난한 사람, 대기업과 중소기업, 잘사는 동네와 못사는 동네의 경제력 차이가 갈수록 커지기 때문에 생긴 말이라고 봅니다. 어떤 사람들은 그것이 세계적인 현상이라고 하는데, 그 문제를 해결할 수 있는 방안을 시도해 보지도 않고, 그 말 한마디로 넘어가려 한다면 참으로 무책임한 발언이며 자신들의 기득권을 포기하지 않겠다는 말이겠지요. 또 개혁이 필요한 분야는 차별을 들 수 있습니다. 남녀 차별, 지역 차별, 학력 차별, 빈부 차별, 내국인과 외국인 차별 등이 그것입니다. 이러한 차별을 개선하지 않는다면 국가나 사회의 발전이 어렵겠지요.

이러한 양극화의 문제나 차별을 해소하기 위하여 가진 자의 양보도 필요하겠고, 공평한 과세도 필요합니다. 불로소득과 부동산 투기로 인한 소득세와 증여세, 상속세의 세율을 현저히 높여야 하며 고소득자의 탈세도 엄격하게 감시해야 할 것입니다.